纵横长三角

沪宁、沪杭甬、苏嘉铁路历史影像 下

岳钦韬 编著

广陵书社

>> 第七章　浴血

第一节　危机

1932 年 11 月，东北义勇军救护队从上海北站出发前往抗日前线

1933 年初，南京各民众团体在京沪铁路南京站欢送首都各界抗日救国会救护队

首都各界抗日救国会输送队出发开往前线

1933 年 3—12 月，京沪、沪杭甬铁路管理局奉铁道部命令新建了远离笕桥机场和中央航空学校的沪杭甬铁路笕桥新线（左图上方弧线，上图左侧直线）

1933 年，首都各界抗日救国会下关检查所的工作人员在京沪铁路南京站检查日货

南京站站前用于国防宣传教育的炸弹模型（摄于日军占领南京后）

为牵制日本从东北南下，国民政府与苏联恢复了外交关系。1933 年 4 月 26 日，苏联驻华大使鲍格莫洛夫抵达南京呈递国书

日本驻华公使有吉明为处理藏本事件晋京会见国民政府要人，1934 年 6 月 27 日返回上海时在北站与上海市公安局人员握手

1934 年 9 月 15 日，行政院驻北平政务整理委员会委员长黄郛（×）抵达京沪铁路和平门站，准备前往国民政府商讨日本蚕食华北的应对之策

1934 年 11 月 5 日，日本驻华公使有吉明（右二）在上海北站准备乘车前往北平

1934 年 11 月 18 日，两路局同仁募款捐赠给国民政府增强空军力量的"京沪、沪杭甬两路号"克特士飞机在上海虹桥机场举行命名典礼

飞机列队飞行表演

1935 年 1 月 5 日，国民政府颁给两路局的捐机金质奖章

日本海军陆战队在三义里西南的淞沪铁路广东街平交道"参观战迹"

1935年设于虹口的日本海军陆战队司令部重建后,淞沪铁路以西被战火摧毁的大片地区仍为白地

1935年一二·九运动爆发后,12月23日上海数百名学生聚集上海北站要求前往南京向国民政府请愿,反对日本策动华北自治

警察在界路上的北站入口处实施戒严

北站站东的广场也被警察封锁

学生、群众聚集在上海北站广场

学生奔赴站内

学生阻止列车开出北站

学生占住闸口开往南京的列车，等待列车开动

但两路局奉令停开列车，请愿学生不得不留宿在车厢内

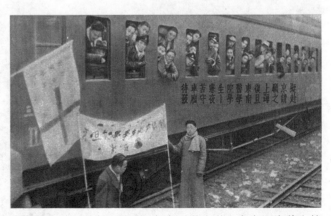

准备赴京请愿的复旦大学、东南医学院学生在车厢内苦守待发

复旦大学学生赴京请愿讨逆团合影

12月24日晨,上海各界纷纷送来食物并在站台煮热茶慰劳请愿学生

学生与两路局交涉、相持一天一夜后,24日16时,赴京列车终于开出上海北站

12月25日下午,请愿学生乘坐的列车在大雪中抵达京沪铁路苏州站(左);学生在驾驶室内监视司机(右)

国民政府教育部代表赶到苏州站劝阻学生继续北上

1935年12月27日,无锡青年前往无锡站慰问上海请愿学生

417

周启邦于 1935—1937 年在京沪铁路常州站工作期间积极开展抗日救亡运动，后于 1938 年投奔八路军并加入中国共产党

1936 年 3 月 23 日，日本驻华大使有田八郎夫妇在上海北站广场。有田八郎准备乘沪平直通车赴天津与"支那驻屯军"司令多田骏等密谋再次分裂华北

请愿团在上海北站售票处候车

1936 年 6 月 21 日，上海学生、群众在上海北站举行抗日救亡活动并准备前往南京请求国民政府出兵抗日，公共租界出动警车到场施压

候车学生在地上写字

解除武装的保安队

学生在机车上写满要求国民政府立即对日宣战的文字

上海各界救国联合会请愿团在上海北站站台上等待两路局调拨车辆

两路局奉令拒绝发车后,学生坐到轨道上抗议

无法登车的上海各界救国联合会请愿团改从北站开始举行示威游行

除阻断铁路外，学生又在机车上写字宣传抗日（上）；上海北站铁丝路障外的界路上聚集着大批群众，公共租界工部局和上海市政府均派出警察到场（下）

1936 年 9 月 13 日，日本驻华大使川越茂（左二）在上海北站乘车前往南京，准备与外交部部长张群就日本外相广田弘毅提出的对华"三原则"进行谈判

谈判彻底破裂后,1936年12月7日川越茂(×)从南京回到上海北站

1936年9月19日,上海职业界救国会北站小组的奚原(左)、张承鸿(右)等成员共同发起组织了"九一九"书报杂志流通社,在铁路内部开展抗日救亡运动

1937年3月29日,发动和支持西安事变的杨虎城(右二)、于学忠(左二)抵达杭州向蒋介石报告所属部队缩编情况,朱家骅(左一)等人在杭州城站迎接

为远离上海前线,1936年10月吴淞机厂开始拆除厂房,迁往常州戚墅堰

戚墅堰机厂的机器工场车场部(左);迁移中的大锅炉(右)

厂房远景

新建戚墅堰机厂厂房

1937年2月，吴淞机厂更名为戚墅堰机厂，8月完成迁厂任务

戚墅堰机厂厂房

厂房内景

为表彰迁厂过程中的立功者,戚墅堰机厂组织部分员工赴南京游览

七七事变前夕的 1937 年 6 月 21 日,上海学生再度集结于上海北站,要求前往南京向国民政府请愿立即向日本宣战

学生在上海市公安局警察的施压和劝说下有秩序地离开北站

1937 年的京沪铁路南京江边船坞(煤炭港),此地不久将沦为人间地狱……

第二节 鏖战

1937年八一三淞沪会战爆发的次日，中国军队第88师第262旅进驻京沪、沪杭甬铁路管理局大楼和已经停止运营的上海北站

北站站房内构筑了沙袋工事

8月14日，在北站前界路上行军的第88师官兵

协助中国军队守卫北站的警察

第88师官兵在淞沪铁路宝山路平交道清除妨碍作战的竹篱

宝山路平交道以南的界路路口堆置沙袋

界路、宝山路、北河南路路口人烟绝迹

公共租界的英军士兵和中国警察驻守在该路口的栅门内外

淞沪会战初期界路上的拒马

两路局大楼虽已成为上海北站阵地的核心，但尚未遭到战火破坏

大楼顶部的四周外墙上有多处羽毛雕刻，其实是伪装的射击孔，外面还有铁盖

大楼门前杂物散落一地　　大楼与人烟绝迹的上海北站　　上海北站前界路路面与南侧房屋的破坏状况

中国军队在界路上开挖的战壕　　遍地杂物的北站广场

上海北站站房尚完好，但东北侧的警务办事处已被炸毁

我国士兵在被炸弹气浪冲击后的北站站房内

战争爆发后，日本海军陆战队炮兵堵塞、破坏淞沪铁路后构筑阵地炮击我军第88师

日本海军陆战队在窦乐安路（Darroch Road）附近的淞沪铁路上构筑简易阵地向第88师射击，敌我双方在淞沪铁路一线对峙

日本海军航空队轰炸淞沪铁路和商务印书馆

8月17日，日本海军航空队轰炸沪杭甬铁路硖石站

8月18日，日本木更津海军航空队轰炸跨娄江的京沪铁路第69号桥

8月23日，淞沪前线300余名中国军队的伤兵在京沪铁路镇江西站下车，前往后方医院接受治疗

抗敌后援会设在京沪铁路南京站内的下关伤兵招待所

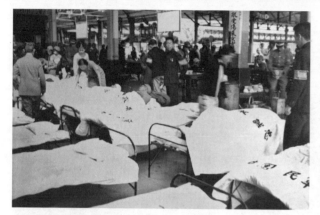

南京站内的临时病床

8月23日，下关伤兵招待所的工作人员为受伤战士治疗、换药

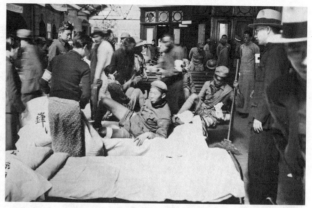

下关伤兵招待所的工作人员救护重伤员

8月23日，日军第3师团等部在淞沪铁路张华浜码头（日方称之为"吴淞铁路栈桥"）登陆时，日本军舰炮击淞沪铁路第6号桥、炮台湾站和吴淞镇作为火力掩护

中国军队在铁路码头的仓库内构筑的工事

23日上午9点，日军第3师团步兵第6联队登陆后在原吴淞机厂的机车库旁休整，准备向接替上海市保安团、上海警察总队的国民革命军第11师发起攻击

日军在淞沪铁路上进犯的照片登上了日本发行的《"支那"事变画报》的封面

日本海军陆战队第8大队侵占原吴淞机厂机车库后准备继续沿淞沪铁路进犯　登陆后的日军在淞沪铁路旁发动侵略作战

中国军队向入侵的日军登陆部队开炮（右侧的黑烟）

登陆时冲在最前面侦查我军阵地并打开登陆通道的日本海军陆战队敢死队队员，开始在淞沪铁路旁架设军用电话线

8月23日,登陆后的日军敢死队从淞沪铁路张华浜码头出发进犯

8月23日,日军侵占原吴淞机厂

登陆后的日军从淞沪铁路出发向中国军队发起攻击

日军在张华浜码头作业,转运军用物资

431

8 月 24 日，日军侵占淞沪铁路一车站后用枕木构筑简易阵地应对中国军队的反攻

8 月 24—25 日，日军第 3 师团步兵第 6 联队在张华浜码头登陆

同日（24 日），日军将淞沪铁路张华浜码头的铁路仓库作为登陆部队的军官室。后方墙壁上的弹孔是 23 日激战时留下的

日军第 3 师团在淞沪铁路张华浜码头作业

8月25日,盘踞原吴淞机厂的日军准备进犯

日军在淞沪铁路张华浜码头建造"纳骨塔"供奉在登陆作战中战死的侵略者

8月26日,日本《朝日新闻》随军摄影记者滨野嘉夫在淞沪铁路张华浜站附近留影。此人于12月8日被我军击毙在南京郊外的上坊镇

日军军官视察原吴淞机厂

日军军马盘踞在原吴淞机厂

日军后勤部队在淞沪铁路上运送物资

日本上海派遣军野战衣粮厂侵略者在淞沪铁路张华浜码头登陆

该野战衣粮厂司令部附近的淞沪铁路旁堆满从船上卸下的物资

该野战衣粮厂在张华浜码头的铁路仓库作业

8 月 28 日,登陆淞沪铁路张华浜码头后直接入侵的日军

下乡偷鸡的日军回到铁路旁的驻地

8 月 28 日下午,沪杭甬铁路上海南站遭到日本海军
航空母舰加贺号舰载机的轰炸

日本《东京朝日新闻》狂妄地刊登了被轰炸后"溃灭"的上海南站照片。轰炸后的惨状
详见第 8 章

南站被炸后,仍有妇女坐在站台上等候列车逃离上海

435

两路局对上海南站的轨道进行修理　　　　　　　　　　　　　　　　轨道基本修复完毕　　　中国军队进驻上海南站布置高射机枪阵地

8月28日，上海北站也遭到日军飞机的轰炸　　　　　　　　　苏州河潭子湾附近的京沪、沪杭甬铁路联络线被炸（图左两处起火点）

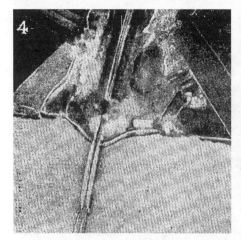  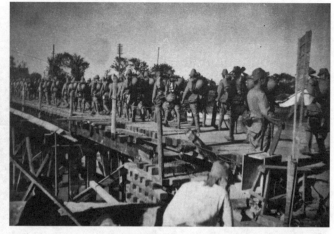

8月下旬,日军飞机轰炸沪杭甬铁路沪杭段第31号桥

日军沿淞沪铁路进攻吴淞镇

8月31日,日军侵占吴淞镇,其后续部队在淞沪铁路第6号桥上行军,轨道上方铺上了枕木

同日(31日),日军飞机轰炸淞沪铁路炮台湾站

8月底9月初,中国军队第88师在民德路旱桥南堍迎战进犯上海北站阵地的日军

9月1日，沿淞沪铁路发起侵略作战的日军第3师团步兵第68联队的炮兵部队

日军将炮车拉上淞沪铁路第6号桥，向北岸的吴淞进犯

9月2日，日军步兵第68联队在第6号桥上行军进犯

日军步兵第68联队登陆吴淞后在淞沪铁路车站准备发动侵略作战

9月6日，为侵略宝山县城而从吴淞镇方向沿淞沪铁路北上的日军炮兵部队　　　　日军在淞沪铁路第6号桥上铺设木板行驶汽车

日军飞机飞过淞沪铁路某车站　　　　　日军在淞沪铁路张华浜码头行军进犯　　　　日军盘踞在淞沪铁路吴淞一带

日军窥探淞沪铁路旁中国军队构筑的工事

9月上旬，驻守在界路、宝山路路口的中国军队在轰炸声、枪炮声不断的环境中，仍有礼貌地接受《字林西报》（The North China Daily News）记者拍照

9月7日晚，一列火车在行驶至京沪、沪杭甬铁路联络线白利南路（Brenan Road）平交道时因未等待栅门开启而将其撞坏

战时的吴县站是京沪铁路与苏嘉铁路的枢纽。除军车可以直接开往上海方向外，其余列车均沿苏嘉铁路前往沪、杭

两路局车务处驻吴县办事处人员合影（9月21日）

中国军队在吴县站站台上候车，在该照片拍摄后数分钟即登车开往前线

9月19日，一辆搭载难民的列车停靠在吴县站，但不久便遭到日军飞机投弹、扫射，难民死伤数百人

乘坐京沪铁路列车的旅客趴在铁路旁的草丛中躲避日机

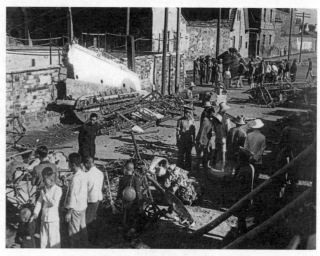

9月19日，被中国军队击落的8架日机残骸从杭州运抵南京京市铁路的中正街站，向公众展示战果

9月22日起，日军第101师团在淞沪铁路张华浜码头登陆

日军第101师团登陆后在淞沪铁路张华浜站至原吴淞机厂一带度过第一晚

9月26日，钱塘江大桥铁路桥面通车，沪杭甬铁路得以与浙赣铁路贯通，迅速促进了战时运输

9 月底，日军第 9 师团辎重兵第 9 联队登陆淞沪铁路张华浜码头

9 月下旬，两路局大楼虽遭日军炮火攻击，但因结构坚固而未受到较大破坏

9 月下旬，上海北站出入口的景象

在上海北站附近监视敌情的我国士兵

北站附近的我军大刀队战士与公共租界的美军士兵

我军第 88 师在北站附近驻防

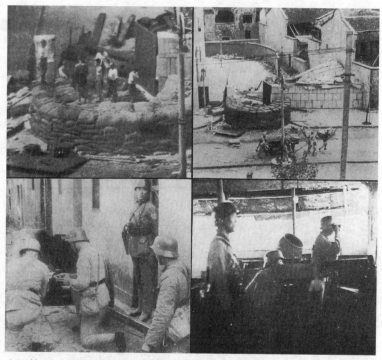

第88师在上海北站附近与日本海军陆战队作战（左上）；宝山路上的第88师一部（右上）；第88师在北站附近架设高射机枪（左下）；架设完成的高射机枪（右下）

我军第88师在两路局大楼旁建沙袋工事（左上）；我军从北站阵地搬运木料至淞沪铁路前线（右上）；我军在北站附近架设轻型炮（左下）；第88师在界路、宝山路路口设机枪位（右下）

中国军队在上海北站阵地巷战时的使用的轻、重机枪

沙袋工事上方的两路局大楼东楼外墙被日军炮弹击穿多处

9月29日，国民党中央宣传工作视察团在京沪铁路昆山站站台上书写标语，开展抗战宣传工作

9月30日，日本海军陆战队在北站战场的最前线——赫司克而路（Haskell Road）上向前方15米处的我军发射山炮

10月1日,日本海军陆战队以坦克向上海北站方向发起侵略攻势,在遭到我军顽强抵抗后承认"仅将顽敌稍稍击退"

中国军队在两路局大楼下的界路上用京沪、沪杭甬铁路的钢轨构筑的防坦克工事

我国士兵在布满工事的北河南路、界路路口警戒

界路、宝山路路口的防坦克工事

驻守在淞沪铁路宝山路站的第88师官兵

10月初，防守上海北站的我军官兵接受《大陆报》(The China Press)记者的采访和摄影

一名士兵在北站站台下做瞄准动作

10月上旬，北站站房尚未遭到较大破坏，窗口均堆置沙袋

10月5日中午，三架日军飞机在北站投弹18枚

上海北站被炸时腾起的烟雾

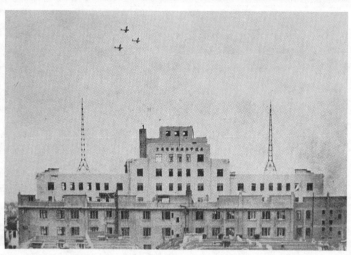

10月6日,三架日机飞临两路局大楼上空

拍摄沪杭甬铁路上海南站被炸后幼童
照片的摄影记者王小亭,在《战事画刊》
上发表了一张男子携老母亲沿铁路逃难
的照片

《战事画刊》描述了难民逃亡的惨状:"京沪及沪杭途中,难民载道,彼
等田庐被毁,仓卒逃亡,其狼狈凄楚之状,殊非笔墨所能叙述"

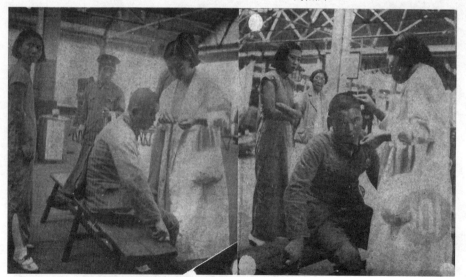

10月10日,首都妇女慰劳团救护员在京沪铁路南京站为伤兵换药

童子军在铁路上运送伤员

赴华北前线宣传抗日的漫画界救亡协会成员离沪前在上海西站留影。左起：张乐平、梁白波、胡考、特伟、席与群、陶今也、叶浅予

10月12日，日军飞机再次轰炸上海北站站场

两路局大楼东侧也遭到日机轰炸

10月13日晨,公共租界的警察扛着一段被炸飞到天津路、福建路路口的60厘米长的钢轨,此地距北站约1.6公里,幸未伤人

10月12日,日军在淞沪铁路桥上设置阵地并实施警戒

日本海军吴镇守府第二特别陆战队在淞沪铁路上警戒

10月17日,铁道部派铁道运输司令部的京沪铁路线区司令陆福廷出任京沪、沪杭甬铁路管理局副局长,借此加强运输司令部与两路局的联系

10月19日,日军飞机轰炸京沪铁路无锡站

449

日军飞机轰炸首都铁路轮渡

京沪铁路南京某车站上修建的防空壕

南京站雨篷顶部涂上迷彩以混淆日军飞行员的视线

满载难民的列车停靠在京沪铁路镇江西站

中国军队在京沪铁路真如站驻防

淞沪铁路江湾水电路附近的作战工事

公共租界的英国军队在京沪、沪杭甬铁路联络线的白利南路平交道上安置铁丝网(上)；上海西站东北的极司非而路、凯旋路路口的英军防御工事(下)

10月19日，日军多架战斗机和双引擎轰炸机轮番轰炸两路局大楼，落在东楼的两枚燃烧弹导致楼内两层以下失火

日军飞机轰炸后，中国军队第88师查勘上海北站阵地

451

10月20日，第88师第524团韩宪元团长、沈芝青、谢晋元团附（左起）与率领外国记者参观上海北站阵地的上海市政府秘书张廷荣（右一）在两路局大楼前合影

第524团士兵带领摄影记者王小亭参观大楼内的两路局办公室，此时楼内尚有50余名士兵坚守

王小亭俯拍"往日行人如鲫之界路"，感叹"如今成了凄凉的死街"

在外国摄影师拍摄的录像中，第88师第524团士兵正快速通过上海北站

一名扛着重机枪的士兵跑步通过上海北站广场

这名士兵与其他两人朝着前方被毁的警务办事处方向前进

第524团士兵从北站向两路局大楼快速前进

士兵在楼下的战壕中前行

日机投下的炸弹在北站站房处爆炸

第524团士兵在北站前的战壕内

20日当天，日军飞机再次轰炸上海北站，以图对闸北发起总攻

京沪、沪杭甬铁路联络线的起点——麦根路分路站遭到日军重磅炸弹轰炸

10月25日，上海北站站场再度中弹

日本海军陆战队在虹口某建筑的楼顶平台上观测北站被炸情形

一枚1000公斤重的炸弹命中两路局大楼顶部

一枚 1000 公斤重的炸弹命中两路局大楼顶部

日军航拍的大楼被炸场景

燃烧中的大楼顶部

炸弹火势熄灭后,大楼并未遭到严重破坏

日机向大楼东侧投弹

东翼楼被燃烧弹击中，上层发生大火

炸弹在宝山路、界路路口西北的上海北站站场内爆炸

中国军队第88师第524团10月26日夜退出北站阵地后，日军于次日凌晨5时向闸北发起总攻，其海军陆战队第10大队的战车侵入北站阵地

10月27日晨，日本海军陆战队第10大队下属的林小队组成了37人的"决死白襷队"侵入两路局大楼东侧的我军阵地

该部侵占阵地后大肆欢呼

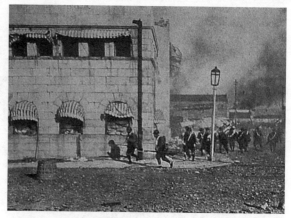

日本海军陆战队第 10 大队正从两路局大楼下进犯上海北站

日本海军陆战队第 10 大队包围北站站房

10 月 27 日上午 7 时 20 分，上海北站被日军侵占

被浓烟笼罩的北站

日军后续部队在浓烟中侵入北站

火势减弱后，日军在北站站前疯狂
叫嚣

占领北站阵地后，日本海军陆战队第10大队和另一支陆军部队
在两路局大楼下扬武耀威

占领北站阵地后，日本海军陆战队第10大队和另一支陆军部队在两路局大楼下扬武耀威

日军在一片废墟的北站广场上行走

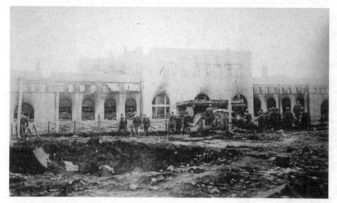

日军在满目疮痍的北站广场上行走

北站站房破败不堪

10月27日晨8时，日本海军陆战队第10大队侵入两路局大楼并将日本国旗绑在无线电通讯铁塔上

日军占领下的两路局大楼浓烟滚滚

战火中的界路与两路局大楼

日军占领两路局大楼的照片被日方印上明信片广泛发行，用以鼓吹侵略思想

1938 年 4 月 10 日，日本海军大臣米内光政（中）参观在大阪举办的所谓"支那事变圣战博览会"时，走过 1937 年两路局大楼战场的模拟场景

远望被日军侵占的两路局大楼

占领上海北站后集结中的日本海军陆战队第 11 大队

日军在上海北站前集结

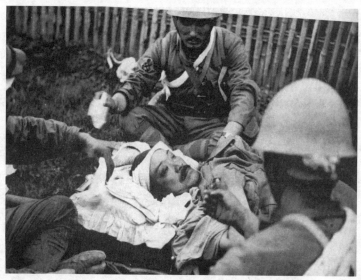

日本海军陆战队第 10 大队的小林在该部占领北站后被我军击伤

日本海军陆战队在两路局大楼
下行军进犯

日本海军陆战队的炮兵部队从北站广场向西进犯

日军在北站附近的铁路上铺设木板以便进犯

日本海军陆战队侵入上海北站站场的
照片登上了《"支那"事变画报》的封面

10月27日，日军永井工兵部队在京沪铁路上安装炸药

日本海军陆战队在铁路上架设机枪

从大场向真如进犯的日军第3师团步兵第68联队于10月
27日侵占京沪铁路真如站

10月27日至11月1日"八百壮士"
死守四行仓库期间，该部士兵依托楼
下的反坦克钢轨工事阻击日军。这些
钢轨正是从京沪、沪杭甬铁路上海附
近路段卸运而来

闸北沦陷后，难民沿着京沪、沪杭甬铁路联络线
向南逃亡

挑着幼童的难民在铁路上艰难行走

难民经由京沪、沪杭甬铁路联络线第 12 号桥南逃

第 12 号桥上举步维艰的难民

英国士兵在上海西站附近的平交道上检查想要进入租界避难的难
民

在难民中维持秩序的公共租界巡捕

10月27日，大批难民沿大西路穿过京沪、沪杭甬铁路联络线进入租界

10月28日，战争过后的上海北站一片死寂

10月28日，日军前锋从北站沿铁路向西进攻

沿京沪铁路进犯的日本海军陆战队

日军侵占京沪铁路后随即实施警戒、巡逻

日本海军陆战队穿越铁路继续入侵

10 月下旬,日本上海派遣军直属的第 7 师团后备步兵第 5
大队在京沪铁路上巡逻

10 月底,英国军队在京沪、沪杭甬铁路联络线旁修
建新的防线,炸弹就在附近不断爆炸

10 月 29 日,日本海军第三舰队司令官长谷川清视察上
海北站战场

10 月间,日本上海派遣军野战衣粮厂在淞沪铁路张华浜码头运送物资上岸

11 月 1 日,日军野炮部队在炮火中沿铁路进犯

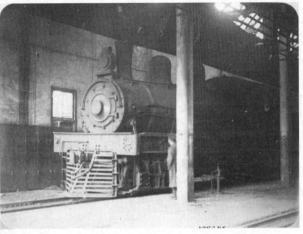

11 月 1 日，日本海军工人开始对残留在上海北站机车库内的机车进行修理，以备开往沿线地区示威

中国军队在京沪、沪杭甬铁路联络线虹桥路附近布设的机枪阵地

中国军队扼守京沪、沪杭甬铁路联络线

中国军队越出京沪、沪杭甬铁路联络线旁的战壕向前冲锋

11 月 8 日，日本亲王高松宫一行视察两路局大楼战场

11月8日，中国军队奉令撤离淞沪战场。次日，日军第3师团步兵第68联队侵占上海西站

盘踞上海西站的日军

日军对已破坏的京沪、沪杭甬铁路联络线第12号桥稍加修复，即开始行军

日军骑兵通过第12号桥

手持刺刀的日军士兵在第12号桥东南阻止行人穿越极司菲尔路平交道

467

极司菲尔路平交道前的日军

前来拍摄的日军随军记者

日军侵占京沪、沪杭甬铁路联络线上的我军阵地后在铁路上休息

11 月 9 日，日军第 3 师团池田部队（番号不详）占领沪杭甬铁路龙华站

11 月 11 日，日军第 3 师团进犯南市时的沪杭甬铁路上海南站。当晚上海华界沦陷

第三节 撤守

11 月 12 日,日军第 11 师团步兵第 44 联队侵占京沪铁路南翔站

率先攻入南翔站的日军第 11 师团步兵第 44 联队机关枪队在站台上休息

被日军占领后的南翔站已是一片废墟

日军在南翔站摆拍

日军第 11 师团步兵第 44 联队从南翔站出发西犯

日军第 11 师团步兵第 44 联队用轨道车在京沪铁路上运送伤兵

日军第 3 师团步兵第 6 联队通过真如站附近的京沪铁路

被日军第 101 师团侵占后的京沪铁路真如站

日军第 101 师团的运输部队在真如站北侧的交通路上进犯

11 月 14 日,大批难民在京沪、沪杭甬铁路联络线的平交道外等待我国士兵打开栅门逃往租界

同日(14 日),一群外国人在京沪、沪杭甬铁路联络线虹桥路平交道上徘徊,他们想要去看看自己在战区里的房子是否遭到破坏

日军第 9 师团山炮兵第 9 联队在被严重破坏的京沪铁路桥上行军,目标直指昆山

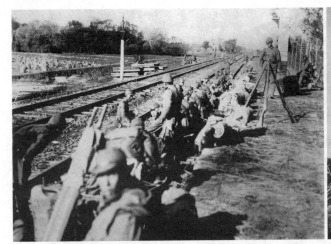

第9师团第4野战医院从上海西侵苏州途中在京沪铁路某车站上休息

日军汽艇经京沪铁路桥西犯苏州

11月19日苏州沦陷，激战过后的吴县站一片狼藉

抵达嘉兴城东的沪杭甬铁路杭善公路平交道的日军第10军战车部队

日军第 18 师团辎重兵第 12 联队入侵嘉兴时观测被炸毁的沪杭甬铁路桥

11 月 18 日，日军第 6 师团野炮兵第 6 联队侵入嘉兴站

日军第 6 师团野炮兵第 6 联队占领嘉兴站后叫嚣"万岁"

日军第 10 军直属国崎支队独立山炮兵第 3 联队等部侵入嘉兴站后在站牌前疯狂叫嚣

日本棒球投手、独立山炮兵第 3 联队下属末永部队（番号不详）的皆川定之在被毁的车辆前留影

已被炸成一片废墟的嘉兴站站房上空飘荡着刺眼的"膏药旗"

日军匍匐在嘉兴站的铁路上摆出向外射击的姿态

日军第18师团步兵第114联队第3大队第9中队侵占下的嘉兴站一片狼藉（写有津浦二字的货车为各条铁路之间互用车辆）

日军第18师团步兵第114联队第3大队第9中队在嘉兴站内"突击"

《东京朝日新闻》刊登的这张照片的拍摄时间为11月21日，但18日下午车站已被占领，可见此照系摆拍

日军第 114 师团步兵第 150 联队的侵略者在嘉兴站留影

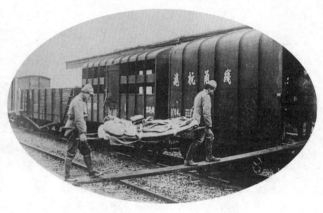

日军第 114 师团步兵第 150 联队利用沪杭甬铁路货车运送伤兵

11 月 21 日，在京沪、沪杭甬铁路管理局大楼北修理上海北站内铁路的日军工兵部队

日军侵占苏州后沿京沪铁路向无锡、南京进犯

日军第 9 师团从苏州出发沿京沪铁路西侵无锡

11月25日，日军第9师团步兵第36联队经京沪铁路无锡旗站入侵无锡县城

日军第16师团步兵第38联队沿锡沪公路进犯至无锡站西端的京沪铁路广勤路平交道

日军步兵第38联队的坦克也随之入侵

日军第16师团步兵第38联队侵入无锡站

日军步兵第38联队在无锡站站牌前叫嚣

日军战车直接碾过京沪铁路

日军第16师团步兵第38联队在无锡站站台上行军进犯

11月26日，日军第16师团师团长中岛今朝吾(左二)和步兵第30旅团旅团长佐佐木到一(左一)在京沪铁路无锡站

中岛今朝吾(右)是南京大屠杀的元凶之一

日军第16师团辎重兵第16联队侵占京沪铁路

日军第9师团辎重兵第9联队通过被占领的无锡站

日军从无锡出发继续沿京沪铁路西侵

日军第9师团步兵第36联队在无锡以西的京沪铁路上向我军射击

11月29日，日军第16师团步兵第9联队侵占京沪铁路武进站

日军第9师团在无锡附近的被日机炸毁的京沪铁路桥上"强行军"

日军第13师团也通过该桥向西进犯

攻占武进站的日军步兵第9联队

日军第16师团步兵第20联队沿京沪铁路西犯南京时，在常州附近被已破坏的桥梁挡住了去路

12 月 3 日,日军第 16 师团步兵第 9 联队沿京沪铁路两侧的小道从常州进犯丹阳

南京保卫战时期的京沪铁路丹阳站(上)与镇江西站(下)

中国军队在京沪铁路镇江前线阻击日军

南京沦陷(12 月 13 日)前夕狮子山下的京沪铁路

日军侵占京沪铁路南京站

一名日军军官被中国军队击毙在铁路上之后，其所在部队在该处树起灵位进行追悼

日军入侵无锡时在京沪铁路旁抢救被中国军队击伤的战友

12月18日，日军第101师团步兵第157联队沿沪杭甬铁路进入枫泾，准备绕道湖州进犯杭州

12月21日，日本铁道省派出的井上部队为配合进攻杭州而对沪杭甬铁路沪杭段进行抢修，然后用改装后的轻型装甲车牵引军用列车

另一种小型装甲车行驶在草草修复的铁路桥上

日军第 101 师团某部盘踞嘉兴站以备进犯杭州

12 月 22 日上午 7 时,日军第 10 军下属的第 1 后备步兵团第 3 中队从嘉兴站出发,沿沪杭甬铁路南犯海宁

日军第 1 后备步兵团第 3 中队遭遇中国军队第 63 师后,随即以铁路为阵地准备作战

日军第 1 后备步兵团第 3 中队继续沿铁路入侵

第 63 师曾在沪杭甬铁路长安镇附近构筑的地堡(图左下方)内阻击日军

12月22日午后，日军第1后备步兵团两路围攻长安镇后侵占长安镇站

日本《读卖新闻》刊发的日军乘坐沪杭甬铁路火车入侵杭州的照片

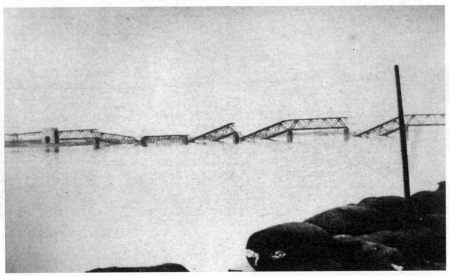

日军第1后备步兵团入侵杭州时通过沪杭甬铁路平交道

12月23日傍晚，日军前锋出现在钱塘江大桥北岸之际，我方自行将桥炸毁以阻止日军南下

杭州城站被日军侵占

12月24日杭州城区沦陷后,日军乘轨道车沿沪杭甬铁路继续追击闸口方向的中国军队

日军向部署在钱塘江大桥桥下沪杭甬铁路上的中国军队发起进攻

日军侵入钱塘江大桥北堍的亚细亚火油有限公司的铁路货栈

日军用竹梯爬上钱塘江大桥下层的铁路桥面

日军在钱塘江大桥的铁路桥面上设置阵地并向钱塘江南岸射击

日军在六和塔下的沪杭甬铁路上摆拍

侵占钱塘江大桥后在北岸桥下警戒的日军哨兵

日军侵占六和塔后继续对沪杭甬铁路闸口站实施轰炸

杭州沦陷后被转移到陇海铁路上的沪杭甬铁路车辆投入到1938年徐州会战的运输工作中

>> 第八章　倾覆

第一节　京沪、沪杭甬铁路管理局大楼与上海北站

1937 年 8 月 14 日晨, 京沪、沪杭甬铁路管理局大楼楼顶的东南角被日军炮火炸出两个大洞

上海北站站房的屋顶被炮弹炸出破口（照片摄于战争爆发两周后）

8 月 28 日, 北站最南端的站台和轨道被日本海军航空队的飞机炸毁

炸弹正中轨道后留下的弹坑

上海北站站台南的祥生汽车股份有限公司第八分行房屋被炸毁

第八分行房屋内的物品散落在外　　　　　　　　北站最南端的站台被炸毁

该站台上有一处弹坑　　　　　　　　该站台西端　　　　　　　　　该站台北面的站台雨篷也被炸穿

8月28日日军飞机轰炸后，上海北站站房北侧的站场被废墟覆盖，两路局大楼的外墙被炸弹熏黑　　　　轰炸后的北站站房外部

上海北站内客车售票房前的候车室顶棚被全部炸毁

候车室进入站台处凌乱不堪

被炸毁的祥生汽车股份有限公司第八分行房屋内部

第八分行房屋外被炸毁的轨道

站房北侧的建筑被毁

上海至南翔区间客车（沪翔复线的列车）的售票处和警
务办事处被炸毁

警务办事处被全部炸毁

上海北站广场东北角的地面和周边建筑严重受损

上海北站广场东侧的建筑（两路局大楼建成前为车务处办公室）受损

两路局大楼北外墙上布满弹孔

从两路局大楼上俯瞰遭到破坏的北站站房

凌乱的北站广场和站外的界路（Boundary Road）南侧被毁的房屋

界路铁丝网旁的广场门也被炸毁

界路南侧的房屋虽属公共租界的辖区，但仍毁于日军对上海北站的轰炸

从两路局大楼上俯瞰界路上被毁的房屋

9 月初，残破不堪的北站候车室和站台状况（左上角）

被毁的北站候车室顶棚和室外的建筑（9 月下旬前）

9 月下旬，界路旁的北站货栈被炸成一片残骸

10月2日夜敌我在上海北站阵地以东地区交战时，两路局大楼楼顶又被炮弹炸出一个弹孔

10月4日，两路局大楼的东楼外墙和毗邻的房屋被战火破坏

两路局大楼北面的上海北站站场被炸毁

北站站房脚下的碎块（10月）

10月初的北站入口已被炸毁（上）；界路上的铁路行李搬运工的房屋被炸，工人的红帽子散落一地

10 月间，两路局大楼楼顶的中弹情形

大楼北外墙的弹孔

10 月 19 日日军飞机轰炸后，大楼东楼的受损程度已十分严重

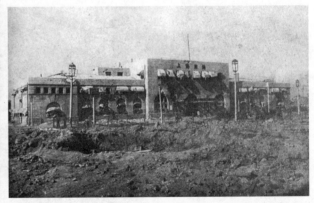

轰炸后大楼底层堆积的泥灰深达数尺

被炸弹炸穿的外墙（以上两张照片摄于 10 月 20 日）

在日军两个半月的炮击和轰炸下，到 10 月下旬上海北站站房虽未早遭到较大破坏，但站前广场已满目疮痍

广场一片狼藉

10月27日日军进攻我北
站阵地时,两路局大楼东楼
被燃烧弹烧黑

东楼烧黑后的远景

两路局大楼朝南的正
门上下也严重受损

大楼大厅的墙壁被炸出一个大洞,但地板和天花板依然完好

10月27日，日军占领上海北站时站场内被炸弹炸出的大洞

北站路签房前的铁丝网倒在铁路上

从两路局大楼上俯瞰被毁的北站

与此同时，北站站场被闸北地区的大火包围

战争结束后残破的北站站房

站房内倒塌的横梁

被毁后的站房全貌

站房南外墙上的破洞

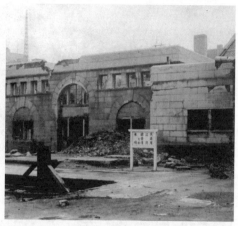

淞沪铁路始发终到站台旁的站房北外墙毁损情形

上海两路局大楼北面的北站站台上被毁的建筑

北站广场满目疮痍

497

上海北站广场上的巨型弹坑

北站站内一片狼藉

北站站台和轨道均被炸毁

日军飞机的中型炸弹炸出的漏斗状弹坑，钢轨被炸后向上弯曲

日军飞机的中型炸弹炸出的漏斗状弹坑,钢轨被炸后向上弯曲

钢轨炸飞到了最南端的站台上

散落在站台上的铁皮雨篷

两路局大楼东楼烧黑后的情形(1937
年 11 月中旬)

大楼北外墙如同蜂窝，西外墙上方墙面也被炸开

北外墙受损情形全景。大楼北侧的建筑亦全毁

1938 年，日军查看大楼顶楼被破坏的状况

楼顶平台受损情形

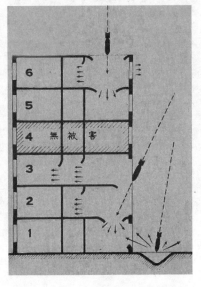

1938 年 1 月，东京工业大学教授田边平学对大楼进行调查后指出：炸弹除击穿楼顶外，还击中了二楼和三楼窗户之间的位置，把墙壁砸开了一个大洞后滚入建筑物内部并在室内爆炸，对二楼和三楼都造成了严重的破坏

小型炸弹击穿的大楼屋顶

击穿墙壁的炸弹命中了中国军队堆砌沙袋进行防守的二楼窗口并在室内爆炸，钢筋混凝土被炸弯，顶梁被击毁，室内一片狼藉

落在街道上的炸弹弹片和冲击波击毁了入口处东侧的窗户和外墙

501

两路局大楼入口西侧的被毁状况

大楼底层一个入口处的损坏情形

密布弹孔的底层外墙

大楼通往上海北站的道路全毁

从楼内拍摄的东楼墙洞

大楼东楼外墙的损毁情形

日本海军朝日号特务舰侵略者在宝山路上拍摄的两路局大楼东、北外墙受损情形

大楼下铁丝网北侧的界路尚未修复

1938 年初的两路局大楼

503

第二节　淞沪铁路与京沪铁路

货栈的铁皮被大量子弹击穿

部分铁皮全部掉落

1937 年 8 月 23 日日军登陆淞沪铁路张华浜码头时，吴淞货栈被击毁

货栈内部的破损情形

货栈的雨篷上布满弹孔

8月23日日军登陆时炮击吴淞机厂，厂房严重受损

吴淞机厂被日本海军军舰炮击造成的破坏

淞沪铁路第6号桥（跨蕴藻浜）被炸毁后，日军在轨道上方铺设木板以便行军

从9月上旬日军的行军照可见，第6号桥（右）南北的钢轨和枕木已被日军拆除

9月间，江湾站被日军飞机炸毁

江湾站站内轨道由我方自行破坏

淞沪铁路终点站——炮台湾站被毁

张华浜站被炸后仅存墙壁

江湾镇附近的淞沪铁路平交道被毁

淞沪铁路宝兴路平交道、三义里附近路段被毁情形

淞沪铁路宝兴路平交道曾是日本海军陆战队的阵地,激战时遭到破坏

淞沪铁路宝山路附近的损坏情形

被毁的淞沪铁路宝山路站和站东铁路两侧的民房

8月下旬,京沪铁路麦根路货站东侧的太阳庙路段被日军飞机炸毁

8月下旬,京沪铁路真如附近路段被日机炸毁

9月4日，麦根路货站遭日机轰炸燃起大火，屋顶被炸出一个大洞

9月中旬南翔站被炸后，站台一片杂乱

日机投下的炸弹在铁路上炸出一个大坑

9月13日，蒋介石电令第三战区副司令长官顾祝同拆除上海附近铁路的钢轨、枕木并运往土地堂等前线构筑工事

京沪铁路的钢轨被运至南翔附近构筑防御工事

从日军侵占南翔站的照片中可以看到被移除的钢轨和枕木

用于大场、顾家宅构筑机关枪掩体的钢轨

日本军官察看构筑工事的钢轨

9月19日，一辆搭载淞沪战区难民的列车停靠在吴县站（苏嘉铁路起点站）时遭到日军飞机投弹、扫射，难民死伤数百人

被炸出轨的列车旁尸骸散落一地

红十字会前来收殓

这位妇女的丈夫被炸死,只剩下孤儿寡母

被炸客车

被彻底炸毁的客车

被炸毁的用于运送难民的货车

被炸现场一片狼藉

9月下旬,京沪铁路一段路轨被日机炸毁

10月6日,8架日军飞机三度空袭无锡站,紧急停靠在铁路桥上的列车被炸毁

被炸毁的列车

被炸的列车内尸横遍地

不及逃避而死于车厢内的乘客　　被炸死的乘客

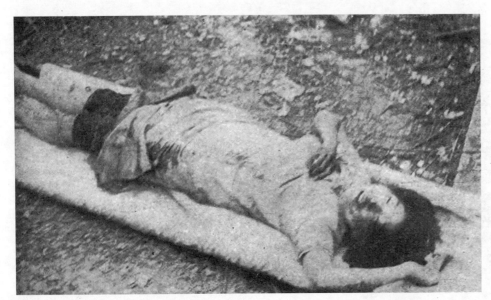

被炸身亡的女子

惊魂甫定的一家人

无锡站的堆栈也被炸毁

被炸后燃烧中的无锡站货栈

无锡站上被炸出轨的车辆

吴县站上的一辆机车被炸出轨（10 月间）

另一辆机车被炸毁，周边场地也遭到破坏

吴县站上被炸毁的客车

吴县站站长室被炸成一堆瓦砾

南京某站外的建筑因车站被炸而即将倒塌（10月中下旬）

10月25日，日军进犯至已被其飞机炸毁的真如站以西、杨家桥村南的京沪铁路第6号桥

上海北站以西的京沪铁路第 2 号桥被炸断　　　　真如站以西的轨道被日机炸毁

日军占领中国军队在南翔附近的京沪铁路桥垛修建的两个碉堡时，桥已
被我方自行破坏

京沪铁路 32 公里处（安
亭附近）的桥梁被毁

京沪铁路第 55 号桥被破坏

昆山站的站灯和护栏被毁　　　　京沪铁路某站到发线的钢轨被炸断　　　吴县站的站房顶部被日机炸毁

沦陷后日军拍摄的照片显示吴县站站台雨篷顶部的大片铁皮被毁

吴县站站台上方的一部分雨篷被炸飞

被炸弹的巨大气浪掀起后倾倒在站台上的机车残迹，吴县站的站台、雨篷等建筑也受到了很大的破坏

吴县站的人行天桥顶棚被毁

沦陷后，日军用木料草草修复了的　无锡旗站站房被炸毁　　　　　　　　被毁后的无锡站站房
吴县站天桥

无锡站站内拍摄的站房被毁情形　　　　　　　　　　无锡站站台雨篷和天桥损毁情形

沦陷后的戚墅堰机厂一片凌乱

无锡附近被日机炸毁的路轨

戚墅堰机厂的机械被毁

戚墅堰机厂厂内设备被毁

武进站的机车房和机车被炸毁

京沪铁路上被破坏的某车站建筑

激战后的丹阳站站牌

丹阳站站台也被炸出一个大坑

中国军队炸塌了京沪铁路镇江宝盖山隧道口，迫使日军侵占镇江后进行修复

停在南京站的军用列车被日机炸毁

南京站附近被破坏的仓库

京沪铁路与平汉铁路（北平—汉口）的互用车辆坠入长江

第三节　沪杭甬铁路

1937年8月28日日军轰炸上海南站导致大批离沪难民死伤的惨案，成为抗战时期日军战争罪行的典型事件

由王小亭拍摄，刊登在10月4日美国《生活》（Life）杂志上的这张照片向全世界揭露了日军"无差别轰炸"的暴行，至今仍被海内外广泛使用

救护人员带着一名儿童来到上图中的幼童身边查看其伤势

由于幼童的伤势比眼角受伤的儿童更严重，所以救护人员先将幼童抢救出站。照片右下角还有一名死难者

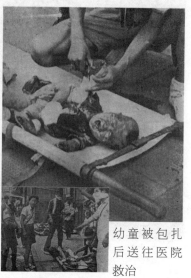

幼童被包扎后送往医院救治

上海南站轨道上的尸体

童子军搬运尸体（上）；救护人员救助受伤的幼童，其脚下的轨道旁有数具尸骸（下）

轨道上的另一名遇难者

被炸死在站台上的乘客

轰炸后浓烟弥漫的上海南站，站台左下方是一名被炸死的儿童

在南站被炸身亡的人们

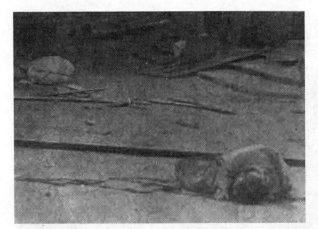

一名遇难者

遇难者的遗体被集中起来

站台上遍布死难者的棺材

被炸得血流满面的男子

上海南站站房被炸毁一部分

南站站房一侧的站台雨篷被炸毁

站房前的站台被毁情形

站房前的站台被毁情形

除站台外，轨道和人行天桥也被炸毁

人行天桥被炸后的情形

被毁天桥远景

天桥和站房对面站台的被毁情形

站房对面站台的雨篷被炸坍

轨道被炸毁

雨篷木料倒在轨道上方

南站机车房高塔顶部被炸出一个大洞

南站西端的站台和建筑被炸

轰炸后第二天（8 月 29 日）的南站被毁情形

上海城南的一段路轨被日机炸毁

惨案不仅仅发生在上海南站——9 月 8 日十余架日机轰炸松江站，一列运送淞沪地区难民的沪杭甬铁路客车被炸，导致 300 余人死亡，400 余人受伤

救护人员运走一段焦黑的尸骸

这张照片作为《良友战事画刊》的封底向全国读者
控诉日军暴行　松江站内的大批遇难者

被炸毁的客车上布满已呈焦炭状的乘客尸体

松江站站台上尸横遍地

遇难者的遗体被抬出松江站

救护人员抬着装有遇难者遗体的棺材行走在被炸
后出轨的货车旁

被炸燃烧后仅剩钢架的客车

5节客车车厢被烧毁

遭到轰炸的松江站站台

站台旁被炸毁的列车

松江站天桥也被炸毁

531

被炸毁的货车

9月19日，日机轰炸嘉兴站(苏嘉铁路终点站)，机车房被炸，机车受损

9月30日，日机炸毁闸口站机车房

松江站附近的大弹坑

闸口站的空车被炸

10月3日嘉兴站被8架日机轰炸后的情形

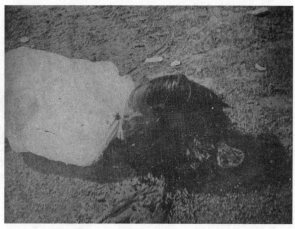

一名女童被炸去脑壳,脑浆迸流

一名候车的旅客被炸死后倒在站旁的草丛中

一名旅客胸部被炸穿,内脏外流

被日机扫射致死的妇女

车站附近的一名妇女不幸被炸弹碎片击中致死

被炸得粉碎的客车车厢

被炸客车的内部

被炸客车的全貌

被炸毁的客车

被炸列车所停靠站台的雨篷也被炸毁

被炸毁的 3 辆货车

车上货物全部被烧毁

行李车爆炸后起火燃烧

东货栈被毁情形

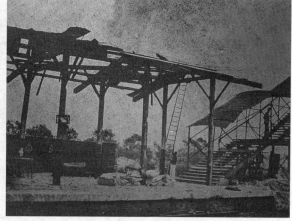

10 月 13 日,日机炸毁嘉兴站站台和雨篷

10月13日，日机轰炸杭州城站，站房、站台、天桥均被炸毁

10月14日，停在京沪、沪杭甬铁路联络线虹桥路附近的一节客车被日机炸毁

一直停在徐家汇站的一节空客车也在 10 月 14 日被炸毁

在京沪、沪杭甬铁路联络线虹桥路平交道附近被日机炸死的平民

10 月 15 日，杭州城站遭日机轰炸后又遭燃烧弹焚烧，内部化为灰烬，仅留外部框架

杭州城站被炸后消防队前来救火

火势熄灭后的城站站房已残破不堪

城站的站台、雨篷等设施被炸毁

雨篷大面积坍塌

雨篷大面积坍塌

10月17日日机轰炸长安镇站时被炸死的难民

松江站再次遭到日机轰炸（时间不详）

国民党中央通讯社库存原照上的说明文字是"敌机炸沪杭路嘉兴站受难之民众尸体"，未标注时间

嘉兴站房屋被日机炸毁

站台雨篷被毁

嘉兴站上被炸毁的列车

救护人员在某车站收容女童遗体

10月23日日机六次轰炸嘉兴站,这座见证1921年中共一大代表来往嘉兴的站房被炸毁

10月24日,停在沪杭甬铁路闸口站的客货列车被炸

闸口机厂被日机炸毁(时间不详)

10月27日夜敌我双方在京沪、沪杭甬铁路联络线第12号桥对峙时，中国军队自行破坏了该桥桥面以阻止日军沿铁路南下

第12号桥被毁全貌

11月9日日军占领第12号桥时，桥中央的轨道已被泥土覆盖

第12号桥南堍的极司菲尔路平交道一片狼藉

中国军队在京沪、沪杭甬铁路联络线上构筑阵地时拆除了钢轨和枕木　局部放大

京沪、沪杭甬铁路联络线上每隔一段距离就有一处沙袋工事

京沪、沪杭甬铁路联络线第 25 号桥(徐家汇站、新龙华站之间)被破坏情形

上海铁路旁被炸毁的房屋

11 月 9 日，上海南站遭日机轰炸后发生火灾，站房被烧毁后仅剩框架

货车被毁

松江附近被日机炸毁的钢梁桥

松江站站房仅剩"骨架"

松江境内某站站台的雨篷全毁

中国军队为阻滞日军利用铁路入侵而自行破坏的松江至枫泾段的一座钢梁桥（照片中为日军士兵）

被日机炸坍屋顶的枫泾站

11月8日起敌我在枫泾交战，战后枫泾站的站牌弹痕累累，一根立柱被炸断

11月15日，中国军队第128师与日军第18师团在嘉善站激战，站牌上布满弹孔

嘉兴境内被中国军队自行破坏的钢梁桥

被日军轰炸、炮击后化为灰烬的嘉兴站站房

嘉兴站内一片废墟

这块见证 1921 年中共一大代表来到嘉兴的站牌已遍体鳞伤

日军侵略者在废墟前耀武扬威，其脚下是被毁站房顶部的站牌

嘉兴至硖石段的一座钢梁桥被中国军队自行破坏

被炸毁的硖石站站房和雨篷

长安镇的兴福桥和远处的沪杭段第 145 号桥均被破坏

杭州城站入口处上方的雨篷只剩钢架，南楼屋顶被炸穿

城站站房顶部被炸毁

城站雨篷全毁，站房右上角亦被炸毁

站房侧面被炸情形

杭州城站雨篷全毁，站房右上角亦被炸毁

城站站内一片狼藉

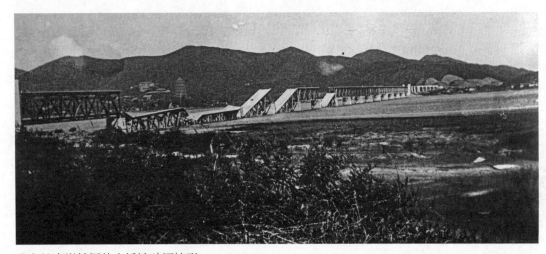

我方从南岸拍摄的大桥被破坏情形

我方在大桥西南堍拍摄的照片

15号撬墩無恙　14号撬墩被炸　13号撬墩無恙　12号撬墩無恙　11号撬墩無恙　10号撬墩無恙　9号撬墩無恙　8号撬墩無恙

廿六年十二月廿三日下午三時四十五分被炸　　　　廿六年十二月廿四日下午五時被炸

12月23日15时45分,我方自行破坏了上图中的南段桥体,次日17时又爆破了北段桥体

日方在六和塔上拍摄的被破坏后的钱塘江大桥

第10孔钢梁坠入江中,与该孔以南桥体彻底断开

落入江中的第 12 孔钢桁梁的局部损坏状况　　　第 12 号桥墩的破坏情形　　　第 13 孔钢桁梁的局部损坏状况　　　第 14 号桥墩被破坏情形

第 14 孔钢桁梁的局部损坏状况　　　第 15 孔钢桁梁被破坏后的情形

落入江中的第 14 孔

沦陷后日方从闸口江岸拍摄的钱塘江大桥全貌

日军第16师团辎重兵第16联队劫夺沪杭甬铁路与其他铁路的互用货车用于运输

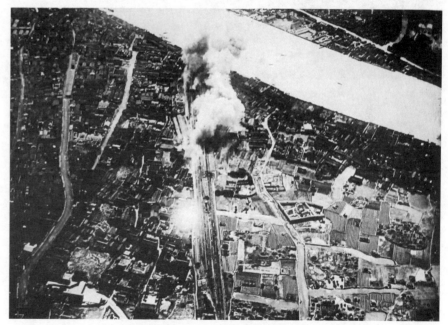

1938年2月1日,日本海军航空队轰炸位于宁波余姚江北岸的鄞县站

鄞县站被炸时的遇难者(时间不详)

1938 年 1 月杭甬段铁路被我方自行破坏后废弃的慈溪站(左)；因抗战爆发而停工的曹娥江桥(右)

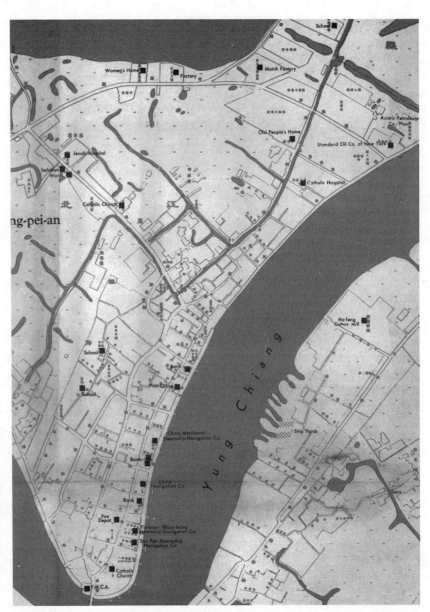

1944 年的宁波地图上的原沪杭甬铁路为空白区域

》 第九章　哀鸣

第一节　劫后

1937年11月20日后，日军修复了京沪铁路上海北站至真如站区间并开行火车

战争结束后恢复平静的淞沪铁路第6号桥，但蕴藻浜两岸早已是一片废墟

11月26日，日军铁道兵在修复被爆破过的闸北一带的铁路

直属于日本"中支那派遣军"的铁道第1联队的联队长佐藤质

日本海军陆战队士兵在原京沪、沪杭甬铁路管理局大楼前的界路上实施警戒

在一片废墟的上海北站广场上警戒的日军士兵

侵占北站和两路局大楼的日军

11月25日，日本高松宫宣仁亲王（左二）一行视察北站战场

一行人在仰望两路局大楼，其中包括日本海军第三舰队司令官长谷川清

日军在两路局大楼下的废墟上竖起了"战迹保存"的木牌，以接待更多的部队前来参观

上海北站站房入口处的墙上也挂上了"战迹保存"的牌子

日本"中支那派遣军"重藤支队的随军记者在"战迹保存"的北站废墟前与伪上海大道市政府的警察合影

重藤支队的随军记者在一片废墟的北站站台采访

日军盘踞在几乎全毁的上海北站站场

1937年12月,日本铁道省组建的山田部队抵达上海修复铁路并从日本国内运来机车、车辆

从日本运来的机车被分解后在淞沪铁路张华浜码头吊装上岸

该机车首先用于日军的军事运输

机车上岸后日军铁道部队叫嚣"万岁"

机车组装完毕

机车试运行

12 月 5 日，第 19679 号机车作为日军的第一辆机车从吴淞驶抵上海北站

日军在进行货车上岸前的准备工作

从日本国内运来的货车开始吊装上岸

从日本运来的枕木等各种铁路材料先堆放于此，在日军进攻时用于修复受损的路段

12 月 8 日 8 时 30 分，日军开行的第一趟上海至苏州的军用列车经过京沪铁路真如站

12 月初,日军开始修理京沪、沪杭甬铁路联络线第 12 号桥

正在修理桥面的日军工兵部队

京沪、沪杭甬铁路联络线第 12 号桥修复完毕

1937 年 12 月 15 日，日本铁道省派出的第一批职员组成的井上部队抵达淞沪铁路张华浜码头

井上部队的军官，前排左二为部队长井上刚

日本铁道省工程师加贺山学在上海北站

1938 年春在日本大阪举办的所谓"支那事变圣战博览会"的图片展示了日军铁道部队、工兵部队的修复工作

日军草草修复了京沪铁路第 55 号桥,被毁的桥墩用木料堆砌

京沪铁路苏州附近的一座钢梁桥被中国军队爆破后受损严重,因此日军只能用大批木料堆出桥墩和桥身

由于京沪铁路镇江宝盖山隧道被中国军队炸坍而无法在短时间内修复,日本"中支那派遣军"铁道第 1 联队强行在镇江城内的道路上铺设铁路

日军军用列车行驶在镇江城内的临时铁路上

1937 年 12 月 11 日日军第 101 师团从无锡南下苏州后,在吴县站候车回上海以进犯杭州

日军第 101 师团的侵略者在无锡
城北梨庄附近的京沪铁路上警戒

日军第 16 师团辎重兵第 16 联队在南京站

沦陷初期的京沪铁路南京站

第 101 师团军官乘火车前往南京参加 12 月 18 日的"慰灵祭"，此时的京沪铁路尚未全线修复

12 月 16 日日军占领下的京沪铁路南京站

12 月 22 日日军开通京沪铁路后驶抵南京站的第一列火车

12月24日,九天前侵占该机车的日军中村队(番号不详)从南京站出发

12月26日,京沪、沪杭甬铁路联络线第12号桥修复通车

第12号桥通车次日的场景

12月27日,日军在已炸毁的钱塘江大桥北岸瞄准对岸的抗日武装

12月28日拂晓,日军从上海北站开出第一列前往南京的列车

挂着井上部队队旗的上海往返南京的列车

京沪铁路修复通车后的日本上海派遣军野战衣粮厂

日本上海派遣军野战衣粮厂从吴淞向南京转移

1938年1月1日,由日军驾驶抵达沪杭甬铁路杭州城站的第一列火车

1938 年第一列抵达
南京的列车

1 月 8 日,日本"中支那派遣军"铁道第 1 联队修复并开通京沪铁路镇江宝
盖山隧道

1 月中旬,在吴淞的日军铁道部队侵略者和穿黑色制服的日本铁
路警察

1 月 20 日,日军列车经过京
沪铁路镇江西站时,由日军
铁道部队侵略者担任的站
长在站台上迎接

1月25日，日本铁道省部队乘坐轨道车在江湾附近修复淞沪铁路

1938年1月的京沪铁路南京站已被日军挂上了"南京驿"的站牌

日军在南京站东侧堆置沙袋作为防御工事，后改为地堡

日军铁道第1联队在上海北站劫夺的竖汽笛齿轮型机车

日军铁道第1联队将沪杭甬铁路的机车运至南京长江边，然后拖曳上船运往对岸的浦口

日军在机车前挂接装甲车防备抗日武装的袭击（上）；从日本运来的汽油车（下）

沪杭甬铁路的货车也被日军用船运过长江送往津浦铁路

日军将货车抬上浦口侧的栈桥

即将上岸的机车

1938年1月1日，日军第9师团第4野战医院沿京沪铁路转往嘉定

日本上海派遣军第3兵站医院1938年1月初从苏州转移至南京后，将入侵南京时受伤的侵略者运至京沪铁路南京站，再送回日本国内

1月21日，日本"中支那派遣军"司令松井石根从上海乘坐布满弹痕的列车巡视沪杭甬铁路沪杭段后抵达杭州

1月23日，日军南京大屠杀的元凶部队——第16师团从京沪铁路南京站出发前往上海

日军第16师团在南京站站台候车

日军第16师团侵略者走出上海北站（出入口改至原站以北的虬江路上），远处即为两路局大楼

日军第16师团侵略者在两路局大楼前，随后乘船前往大连

1938年1月16日，在沪西方人来到上海北站查看车站被毁情形

1月19日界路与北河南路路口的情形

日军士兵在该路口警戒

1938年初的淞沪铁路蕴藻浜站

1月间,京沪、沪杭甬铁路联络线第12号桥(左)和白利南路平交道(右)上树有日本国旗和伪上海大道市政府的旗帜

日军第101师团步兵第101联队第2大队侵略者在第12号桥旁

日军步兵第101联队第2大队侵略者盘踞在京沪、沪杭甬铁路联络线上海西站

日军在已毁弃的沪杭甬铁路上海南站前设置岗哨

日军第10军三宅长盛部队（番号不详）在上海南站搬运积压的军用物资

1938年1、2月间，日军从货车上卸下木板搭建看守屋，对沪杭铁路实施警戒以防备抗日军民的袭击（此时杭甬段已被中方自行破坏，故下文改称沪杭铁路）

日军从火车上卸下哨兵用的岗哨箱

挂在日军军用列车上的装甲巡逻车

沪杭铁路上即将启动的日军军用列车

日军在沪杭铁路嘉善站卸下从各地运来的物资

日军军车停靠沪杭铁路长安镇站

1938 年 2 月 14 日日本大本营下令撤销上海派遣军、第 10 军的建制后，派遣军司令朝香宫鸠彦王（南京大屠杀元凶）在从南京回日本的途中于 18 日抵达吴县站巡视驻苏的第 9 师团

日军第 10 军被撤销后，其司令部在沪杭铁路杭州城站准备上车离杭

2 月下旬，日本"中支那派遣军"司令畑俊六视察上海派遣军野战衣粮厂

日本上海派遣军野战衣粮厂在淞沪铁路张华浜码头仓库内进行雪中作业

该野战衣粮厂在京沪铁路镇江西站作业

日军第10军兵站医院的侵略者乘车前往南京

日军第10军第1后备步兵团的牧野部队（番号不详）在两路局大楼前

日军设在上海北站附近的淞沪铁路平交道旁的岗哨

在沪杭铁路松江站站台上的日军第 10 军第 1 后备步兵团的山腰部队（番号不详）士兵

盘踞在松江站的日军第 10 军兵站医院的侵略者

日军第 10 军第 1 后备步兵团山腰部队守备沪杭铁路第 43 号桥

日军山腰部队在第 43 号桥

日军第10军第2后备步兵团的庄司部队（番号不详）占领下的嘉兴站

由于嘉兴站站房被日机炸毁,沦陷后日军搭建了临时木板房（照片左侧）

木板房东北的站台

1938年初,日军上海某部队的专属警卫、日本相扑协会的岛田川金八郎来到嘉兴站

从西南方向拍摄的嘉兴站更显破败荒凉

满载日军的列车停靠在嘉兴站

军车上的日军侵略者

日军士兵在嘉兴站正前方的苗圃路上。远处的站房已沦为一片废墟

第二节　沉沦

1938 年 4 月 10 日，京沪铁路普通旅客列车恢复开行，但绝大多数乘客是日本军民

上一张照片中日本军民行走的人行天桥位于上海北站西侧，在客车开行前夕建成

日军将北站的出入口迁往原站西北的虹江路上，公兴路、会文路之间

北站的车票发放处

普通中国民众只能乘坐运货的平板车(左),无法坐上"常备"客车(右)

日军检查乘坐京沪铁路列车的中国旅客,其中大部分是通敌人员及其亲友

车厢内有大批日本侵略者

京沪铁路车站站台上的日军哨兵(1938年5月)

唯亭站的日军站长和哨兵(1938年9月)

日军在京沪铁路上运送军用汽车

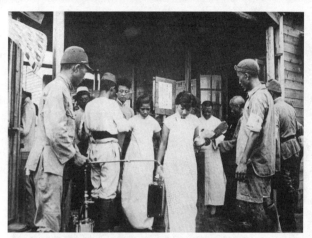

日军士兵强行检查进出苏州站的乘客

日军第2师团第3水上输卒队乘车经过苏州站

驻苏州的日军铁道警备队乘坐装有机枪的轨道车出发扫荡抗日武装

日军士兵在苏州站的京沪铁路站台上留影

苏州站站内的小贩向第3水上输卒队的侵略者贩卖物品

日军第 2 师团第 3 水上输卒队乘坐轨道车京
沪铁路上巡逻

盘踞在无锡站的日军哨兵（1938 年 5 月）

在京沪铁路车站内实施警戒的日军第 7 师团
后备步兵第 5 大队哨兵（1938 年秋）

日军宪兵
在京沪铁
路上巡逻

"中支那派遣军"铁道第 1 联队、井上部队在常州"机关区"（即机
务段）的宿舍

日军第7师团后备步兵第5大队在常州站站内实施警戒（1938年秋）

日军盘踞下的京沪铁路车站

侵驻镇江西站的日军

某站站台上的日军哨兵

日军在京沪铁路一车站下车视察

乘坐货车的日军下层士兵

1938年5月，南京站站台上的我国民众在日军的监视下候车

1938年夏，驻苏州的日本"中支那派遣军"野战电信第18中队的佐佐木队（番号不详）乘坐汽油车紧急前往目的地修理电线

1939年3月，日军野战电信第18中队的中野队在镇江以西的桥头镇站（日军未开放）修复电线杆

1938年，日军士兵在沪杭铁路车站上巡逻（左）；被日军强征到铁路边工作的我国民众（右）

日军通讯学校校长百武（脚下有〇者）在龙潭站附近视察中野队的电线保护工作

日军搭建铁路岗哨

日军盘踞下的沪杭铁路松江站

松江站的日军部队

日军在被炸倒塌后的松江站站房前合影

日军在沪杭铁路第 31 号桥（跨斜塘）桥下设置岗哨

1938年春，日军野战电信第18中队的福冈队（番号不详）在第31号桥旁架设电线杆

沪杭铁路第34号桥（跨圆泄泾）桥东堍的日军沙袋工事

枫泾站东第49号桥上的日军沙袋工事

盘踞枫泾站的日军

在第34号桥上耀武扬威的日军士兵

被炸断立柱的枫泾站站牌仍未修复

在枫泾站站台上实施警戒的日军　枫泾站哨位上的日军

盘踞嘉善站的日军士兵正在翻阅煽动其侵华思想的画报

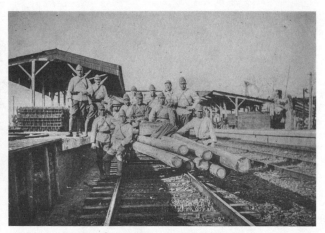

枫泾站的四名日军侵略者和两名伪警察

1938 年春，日军野战电信第 18 中队的福冈队越过沪杭铁路架设电线杆

日军福冈队用轨道车在某车站搬运电线杆

该部队用轨道车搬运电线等器材

该部队在铁路边安装电线杆

该部队士兵践踏桑园修筑电线

该部队施工完毕后在铁路边就餐,前方尚有一批电线杆需要修理

日军在嘉兴站运送货物

嘉兴站站台上的日本妇女

1938 年 3 月 13 日，日军第 18 师团侵略者在杭州城站

侵占杭州的日军第 18 师团在沪杭铁路杭州城站设卡对我国乘客的行李进行检查，严防抗日军民上车

日军第 18 师团士兵在守车的顶部架设机枪保护列车

1938 年 8 月底，日军第 22 师团陆续抵达嘉兴、杭州等地接防并在沪杭铁路沿线守备

日军第 22 师团步兵第 85 联队第 3 中队士兵在钱塘江大桥的铁路桥面上监视对岸的我方阵地

日军步兵第 85 联队第 3 中队士兵在钱塘江大桥为沪杭铁路原末端线路建造的旱桥下警戒

1938年3月1日,京沪、沪杭甬铁路联络线林肯路平交道上的一名日军哨兵射杀了一个把试图铜线带入公共租界的中国人,英军遂不顾日方反对关闭了栅门

3月15日,伪南京市自治委员会的代表在京沪铁路南京站迎接从上海来的伪维新政府要员

1938年春,日军第9师团步兵第35联队随师团从苏州站出发参加徐州会战。左侧毁于1937年的列车仍清晰可见

日军第9师团辎重兵第9联队在苏州站候车准备北犯徐州,不远处即为被炸坍的站房

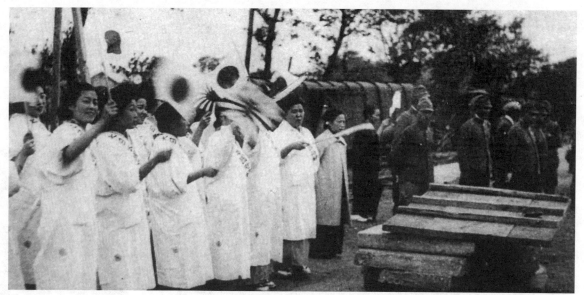

在苏州的日本妇女到站欢送日军辎重兵第9联队离苏

日军第 9 师团卫生队麇集苏州站准备进犯徐州

日军第 9 师团卫生队侵略者登上列车

日军第 9 师团步兵第 6 旅团旅团长秋山义兑从苏州站出发

日军第 9 师团山炮兵第 9 联队联队长芹川透从苏州站出发返回日本

日军第10军第2后备步兵团的庄司部队（番号不详）回国途中在京沪铁路镇江西站停车

日军第2后备步兵团庄司部队在镇江西站传达命令

日军第2后备步兵团庄司部队抵达南京站

1938年5月，搭载日军下层士兵的军用列车从上海开往南京，行车时间大约需要13个小时

5月14日，日本新闻联盟考察团乘坐军用客车从上海出发前往苏州、南京

考察团成员向站上的小贩购买商品

列车中途停靠在某座车站上

考察团拍摄的中国乘客

某站站台上的日本军民

考察团团长（左一）与京沪铁路南京站司令真志田（右）

5月20日，日本新闻联盟考察团抵达杭州后在钱塘江大桥下合影

5月下旬徐州会战结束后，日军第9师团第4野战医院侵略者回到京沪铁路南京站

该野战医院侵略者在南京站候车回常州

该野战医院侵略者在大片雨篷已破损的京沪铁路常州站站台上

日军第9师团第4野战医院盘踞常州期间使用的医疗车厢

日军第9师团步兵第35联队在徐州会战后回到常州站

日军第9师团辎重兵第9联队在常州站的站内商店抢购

伪江苏省政府在苏州站西侧建起牌坊迎接
日军第9师团返回苏州

1938年6月武汉会战爆发后，日军第9师团工兵第9联队第2中
队从京沪铁路常州站出发进犯武汉

日军第9师团辎重兵第9联队从京沪铁路镇江西
站出发参加武汉会战

第101师团工兵第101联队从上海北站出发进犯
皖东南，随后参加武汉会战

日军第101师团步兵第103联队第1大队从上海出发前往南京参加武汉会战

7月，加入武汉会战的日军第101师团乘坐货车抵达南京站

日军第10军通信队下属的古市队（番号不详）从沪杭铁路杭州城站出发参加武汉会战

日军第10军通信队队长大久保一亿（右）、古市队队长（左）等人在沪杭铁路笕桥站合影

日军第10军通信队古市队抵达京沪铁路镇江西站

9月，日军第7师团后备步兵第5大队大队长羽田保乘京沪铁路列车赴上海回日本

日军第7师团后备步兵第5大队某队长乘车出发巡察铁路

10月底武汉会战结束后，日本海军冲岛号军舰的侵略者参观原京沪、沪杭甬铁路管理局大楼的战迹

日本海军第13航空队侵略者也曾参观两路局大楼

嘉村（身份不详）一行抵达沪杭铁路杭州城站"慰问"日军第18师团侵略者

日军第18师团侵略者在杭州城站为炮兵监督井关送行

日军第18师团第2野战医院抵达城站

日军第18师团补充伤病员抵达城站

日军第18师团在杭州将马匹装上列车

日军第18师团步兵第114联队联队长竹下几太郎一行在杭州城站以南的沪杭铁路上开展关于小规模部队实施警戒的现场教育

日军第 18 师团在杭州城站站台上等候登车的命令

日军第 6 师团辎重兵第 6 联队第 1 中队乘车开往上海

嘉兴站上即将开往杭州的日军军车

1938 年 8 月，日军第 116 师团步兵第 119 旅团离开杭州参加武汉会战，城站站牌上的威妥玛拼音和中文注音符号均已被涂抹

日军步兵第 119 旅团从杭州前往镇江时在嘉兴站停靠，左侧是日军搭建的临时木板站房

石原常太郎（右）抵达京沪铁路镇江西站

1938 年 8 月 20 日日军第 22 师团抵达上海后，其主力开往沪杭铁路沿线各地侵驻

日军第 22 师团到达沪杭铁路杭州城站与第 116 师团换防

日军第 22 师团步兵第 85 联队侵略者拍摄的城站

日军南京大屠杀的元凶——朝香宫鸠彦王抵达城站视察第 22 师团

日军第 22 师团扫荡途中在沪杭铁路某车站作临时休整

1938 年冬，日军第 22 师团步兵第 84 联队侵略者麇集在嘉兴站

日军第 7 师团后备步兵第 5 大队从京沪铁路无锡站出发扫荡抗日武装

1939 年 1 月 30 日，苏州站上随军进犯的日本女护士

1939 年 4 月 20 日，德国在沪人士参观日军修复后的上海北站

京沪、沪杭甬铁路管理局账务处运输股职员严宝礼用路局的遣散费与他人一同创办了《文汇报》,在"孤岛"宣传抗日救亡

1938年1月25日问世的《文汇报》创刊号

1938年7月1日夜,新四军第1支队第2团第1营营长段焕竞(左)、第1连连长彭寿生(右)率部攻打京沪铁路新丰站,全歼驻守的日军并破坏了站房和路轨,造成铁路瘫痪一整天

京沪铁路某车站上的这幅"反共"宣传画证明了新四军铁路破袭战的成功

1938年9月29日夜,国民政府的忠义救国军破坏了京沪铁路石塘湾站附近的铁路。次日晨列车出轨后忠救军随即投入战斗,共击毙日军89人,另处决照片中的4名日军俘虏

在一具日军尸体上发现的结婚照

照片中的7名日军中有4人已丧命

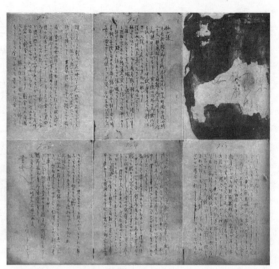

被击毙者身上的一封血迹斑斑的信，收信人是日本千叶县千叶市新町九三的小方梅子

忠义救国军在石塘湾战役中缴获的日军武器、钢盔和大批军事文件

列车在京沪铁路无锡附近被抗日武装袭击后倾覆

1938年4月17日晨，抗日武装破坏了沪杭铁路许村至临平附近路段，日伪进行修复

另两名哨兵在狭窄的钢梁上警戒对岸日伪军的动向

1938年夏，驻守在钱塘江大桥南岸铁路桥面的我国哨兵

我国士兵瞄准钱塘江西北岸富阳方向的日伪军

603

中国军队在铁路引桥上布置了工事,公路桥的护栏也凿开了射击孔

铁路引桥上的汽油桶

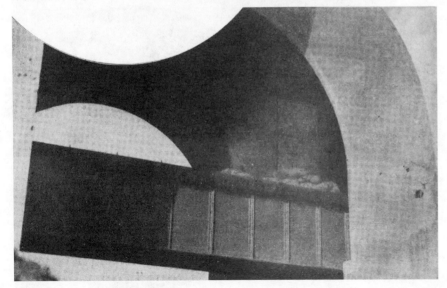

铁路桥面上设置的沙袋工事

我国记者从钱塘江大桥东南堍向北岸拍摄了照片,意在鼓舞军民冲过钱塘江,收复杭嘉湖

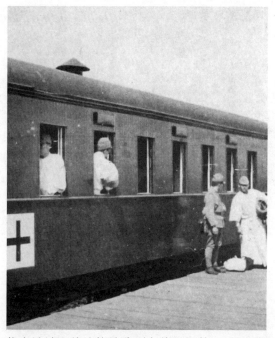

日军第 18 师团侵略者在沪杭铁路杭州城站迎候被中国军队击毙者的灵柩

停在城站上的沪杭铁路列车将日军第 18 师团的
伤兵运往上海

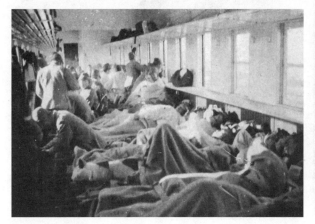

伤兵列车内部

日本上海派遣军第 1 兵站医院收容的伤者在上海北站候
车

1939 年 2 月，南京的日本国防妇人会在京沪铁路南京
站运送火车上的伤病员

沦陷初期人迹罕至的南京站。右侧的沙袋工事在下一张照片中被改为地堡

南京站进口处的上方挂满日本国旗和伪维新政府的五色旗（照片右下方是京市铁路）

日军拍摄的首都铁路轮渡

沦陷初期的京沪铁路机车

沦陷初期的京沪铁路货车

日军的吴淞工场（即原吴淞机厂）把货车改造成四等客车

另一种机车

日军侵略者乘坐京沪铁路列车拍摄的沿线景象

日伪新制作的京沪
铁路尧化门站站牌

京沪铁路镇江西站入口

杂草丛生的镇江江边支线

1938 年春的常州站（日军废除了"武进"的站名）

日伪在无锡站的日式站牌下悬挂的反共宣传牌极尽污蔑之辞

井上部队电气班在京沪铁路车站站台上树立的电线杆

1938 年春的苏州站站台

苏州站上的小贩向车上的日军贩卖寒山寺的《枫桥夜泊》诗碑拓片

1938年苏州站的小贩

苏州站站内商店的小贩

1938年夏在京沪铁路苏州、上海间某车站上乞讨的大批难童

1938年春的界路和原京沪、沪杭甬铁路管理局大楼

1938 年 7 月的原京沪、沪杭甬铁路管理局大楼

1938 年秋，沪杭铁路三等客车上的我国乘客

小贩用中、日两种语言在列车前兜售香烟、水果、馒头等商品

日军身后的吴淞站日文站牌显示淞沪铁路吴淞至江湾区间的蕴藻浜、张华浜、高境庙 3 站均未开通

停靠在沪杭铁路新龙华站上的机车

从日本运来的汽油车行驶在沪杭铁路上

明星桥站东北的里程牌

火车通过沪杭铁路第 34 号桥

日军监视枫泾站的候车旅客

1938 年 5 月，嘉兴站被毁站房的残迹仍清晰可见

日军第 22 师团步兵第 84 联队侵略者拍摄的
嘉兴站西南路段，右侧为放生桥

沦陷初期日军从沪杭铁路列车上拍
摄的海宁东山

日本记者为粉饰太平而拍摄了一名沪杭铁路乘客悠闲地看
着车外风景的照片

1938 年 5 月破败不堪的杭州城站

1938 年夏的城站站台

城站的人流虽有所恢复，但被毁站房没有修复

日伪在城站广场上树立了"更生碑"，借此进行欺骗宣传

日军第 22 师团步兵第 84 联队侵略者在杭州的一家照相馆合影，
背景竟是钱塘江大桥被毁后的场景

》 第十章　深陷

第一节　盘踞

为加强对京沪、沪杭、苏嘉等铁路的控制，1938年12月25日"中支那派遣军"铁道局（本节简称铁道局）在上海成立

铁道局局长上林市太郎

总务部部长由原井上部队部队长井上刚担任

业务部部长丸山武治

企划部部长河西定雄

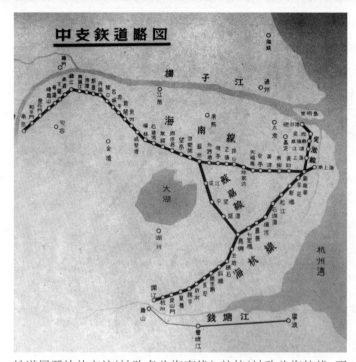

铁道局开放的京沪(被改名为海南线)、沪杭(被改为海杭线,不含杭甬段)、苏嘉铁路各车站示意图

铁道局侵略者在铁道神社前合影

铁道神社

铁道局移动工事区

盘踞在淞沪铁路吴淞站的铁道局侵略者(以下侵略者合影均摄于1939年3月)

吴淞机厂的铁道局侵略者

吴淞工事区的铁道局侵略者

日军占领下的张华浜码头仓库

高境庙站的铁道局侵略者

江湾站的铁道局侵略者

原上海北站建筑修复前,铁道局侵略者盘踞在用临时木板搭建的站房和附属建筑内

占据上海北站的铁道局营业部工事科的侵略者

原京沪、沪杭甬铁路管理局破败荒凉

1939年3月,铁道局开始在各车站的站台上建造地堡

日军在北站内建造的地堡作为防御工事

盘踞京沪铁路真如站的铁道局侵略者

南翔站站台

南翔站的铁道局侵略者

黄渡站的铁道局侵略者

安亭站的铁道局侵略者

天福庵站的铁道局侵略者

陆家浜站的铁道局侵略者

昆山站的铁丝网

昆山站的铁道局侵略者

正仪站的铁道局侵略者

唯亭站的铁道局侵略者

外跨塘站的铁道局侵略者

619

沦陷初期的苏州站

苏州站的铁道局侵略者

日军侵略者和日本妇女在残破的苏州站站内

苏州站人行天桥的铁皮雨篷均已破损，站牌前建有地堡

苏州站站台尽头的地堡

浒墅关站的铁道局侵略者

望亭站的铁道局侵略者

周泾巷站的铁道局侵略者

无锡站的铁道局侵略者

石塘湾站的铁道局侵略者

横林站的铁道局侵略者

日军在横林站被毁的站房
处搭建了木板房

戚墅堰站的铁道局侵略者

戚墅堰机厂的部分铁道局侵略者

常州站的铁道局侵略者

常州"机关区"（即机务段）的铁道局侵略者

新闸站的铁道局侵略者

奔牛站的铁道局侵略者

吕城站的铁道局侵略者

陵口站的铁道局侵略者

623

丹阳站站台上新建的日式站牌

丹阳站的铁道局侵略者

新丰站的铁道局侵略者

渣泽站的铁道局侵略者

镇江南站（被名改为南镇江）的铁道局侵略者

镇江西站被铁道局改回镇江站

高资站的铁道局侵略者

下蜀站的铁道局侵略者

龙潭站新建的日式站牌

龙潭站的铁道局侵略者

栖霞山站的铁道局侵略者

尧化门站的铁道局侵略者

和平门站的铁道局侵略者

挂着"南京驿"的南京站

南京站的部分铁道局侵略者

南京站东南角全景

沪杭铁路（此时杭甬段已被拆除）上海南站被毁后的萧条景象

铁道局把日晖港站辟为"南上海站"

新龙华站的铁道局侵略者

莘庄站的铁道局侵略者

新桥站的铁道局侵略者

沦陷初期沪杭铁路松江站的站台与天桥

松江站的铁道局侵略者

石湖荡站的铁道局侵略者

铁道局松江"保线分区"的轨道车。"保线"即保护铁路以防抗日军民袭击

枫泾站

枫泾站的铁道局侵略者

沦陷初期的嘉善站

嘉善站的铁道局侵略者

629

七星桥站的铁道局侵略者

为"消灭英美"，日军把嘉兴站站牌的威妥玛拼音"KA SHING"涂去

嘉兴站的铁道局侵略者

嘉兴"机关区"的部分铁道局侵略者

王店站的铁道局侵略者

硖石站的铁道局侵略者

沦陷初期的斜桥站

斜桥站的铁道局侵略者

周王庙站的铁道局侵略者

长安站

长安站的铁道局侵略者。由于此时日军未侵占陕西长安,因此去掉了"镇"字　　　　许村站的铁道局侵略者

临平站的铁道局侵略者　　　　笕桥站的铁道局侵略者

艮山门站的铁道局侵略者

杭州城站

杭州城站（被改名为杭州驿）的铁道局侵略者

钱塘江大桥的铁路桥面长满杂草

第二节 极夜

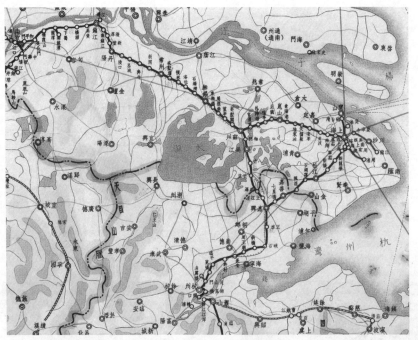

1939 年 4 月 30 日，日伪华中铁道株式会社（以下简称华铁）成立，接手"中支那派遣军"铁道局管理的各条铁路

位于上海民德路最南端的华铁总部

华铁社旗

路徽旗

华铁最初不设总裁,副总裁由田诚(日籍)担任

原"中支那派遣军"铁道局局长上林市太郎担任株式会社的理事,兼任总务部部长

通敌的何志杭担任理事兼业务部部长

井上铁道联队联队长井上刚出任业务部副部长

堀尾丰熊担任理事兼技术部部长

另一名通敌者陈伯藩也出任理事,此外整个华铁几乎没有华人员工

635

1939 年设立的华铁东京事务所的全体成员。该事务所后演变为东京支社

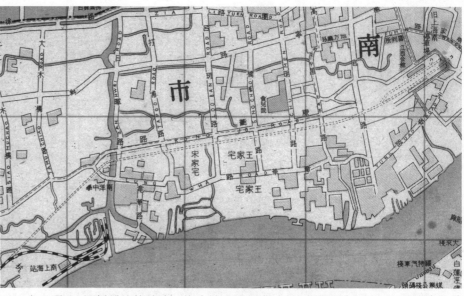

1939 年 8 月，日军拆毁沪杭铁路上海南站至日晖港站（日方称为南上海站）间的路段并将钢轨运往虹口。被毁路段在 1943 年日本发行的《最新大上海地图》上标为虚线

1948 年的航拍图显示上海南站已夷为平地

华铁修复原上海北站站房

1940 年 5 月 1 日，原上海北站投入使用（华铁称之为上海站，以下仍称北站）

上海北站内部

由华铁重建的嘉兴站站房于 1941 年 1 月 13 日落成开放

华铁扩建后的苏州站站房于 1941 年 6 月 7 日落成

华铁重建了苏州站的西翼楼（上）；京沪铁路常州"保线区"房屋（下）

1941 年 7 月正在建设中的淞沪铁路新兴支线，后于 8 月 1 日开通

637

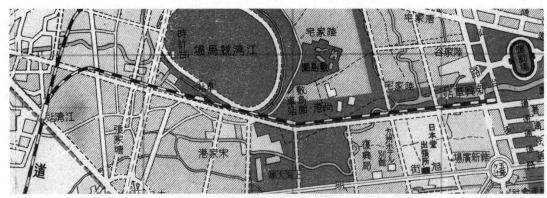

新兴支线始于淞沪铁路江湾站，经竞马场站、敷岛园站抵新兴站，用于运送日本军民

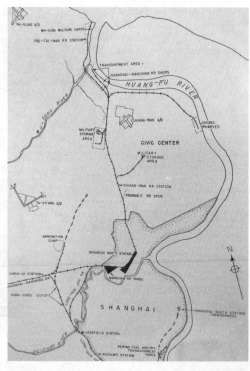

美军绘制的上海铁路路线图，图中有华铁新建的淞沪铁路炮台湾站以北路段（1939）、虹江码头支线（1939）、真如站与淞沪铁路连接线南段、真如站至上海西站支线（1943）等

华铁的工人使用鹤嘴镐在上海北站站场内施工

华铁的日常养护作业都需要军事保护，以防外部、内部的各种抗日行为

1941年9月，华铁工程人员乘船观察钱塘江大桥的破坏情况

倒在江中的第10孔钢桁梁。上方是1940年9月23日日军第22师团搭建完工后开通的便桥

被破坏的第12孔钢桁梁

第13孔钢桁梁受损严重

第15孔钢桁梁全部落入江中

1940年初日军侵入钱塘江南岸后在大桥南堍建造的炮楼

1939年5月，停靠在上海北站的日军军用客车

1939年6月5日起，华铁在京沪铁路上开行头等列车并雇佣女服务员

1939年，京沪铁路列车加挂的餐车上也招募年轻女子服务日伪

列車時刻表
（日本時間）

昭和十四年七月二十日改正
民國二十八年七月二十日改正

華中鐵道株式會社
華中鐵道股份有限公司

华铁发行的中文列车时刻表使用的却是日本时间，其亡我民族意识的企图昭然若揭

华铁 KD 100 型机车

京沪铁路上牵引日军军车的日本
机车

日本生产的 SL 型机车

日本川崎重工制造的 KD 5 型机车用于华铁

从日本运来的 SL 9 型机车

客运列车

华铁站员向司机传递路签

乘务员带枪上车以应对抗日行动

夜间隆隆枪炮声环绕下的华铁调度员

1939 年 5 月 30 日上任的上海北站站长
稻村保，1941 年 10 月死亡

空荡的上海站售票处

1940 年 6 月 1 日，"天马号"列车开始在京沪铁路上运行

"天马号"尾部

1940 年 5 月 1 日，京沪铁路"上海特急"豪华列车试运行

"天马号"的头等车厢

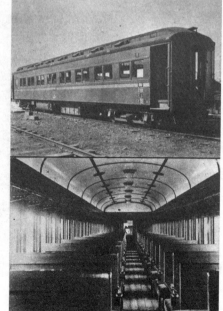

1941 年，戚墅堰机厂制造的二等车（上）和三等车厢内部（下）

1941 年 5 月 1 日，"飞龙号" 列车投入京沪铁路运输

1941 年 5 月 5 日开通的上海至杭州 "急行列车"

1941 年 9 月 1 日，华铁加开京沪铁路 "夜快车"

1941 年 10 月 1 日，华铁开通了停止运营近四年的京沪、沪杭铁路联络线上海西站

1941 年，华铁曾计划 1943 年开通流线型列车，从上海抵达南京只需三个小时

中国劳工在京沪铁路镇江站搬运棉布

日本通运株式会社在常州站设立的常州营业所，垄断行李物品运输

京沪铁路麦根路货站的中国劳工装卸烟草、果物

麦根路货站的劳工搬运石油桶

沪杭铁路艮山门站的中国劳工从货车上卸下蔬菜

华铁1941年建造的戚墅堰机厂"工场事务所"（即办公楼），整个厂区面积为50万平方米

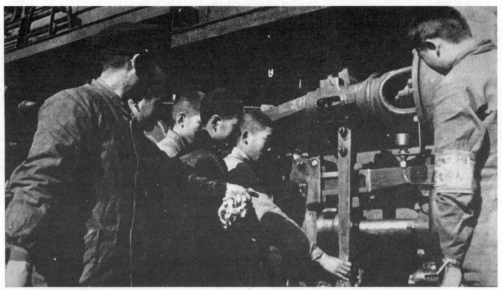

戚墅堰机厂工人修理机车（1941年） 右侧工人的臂章上印有"支那人"

1941年的戚墅堰机厂机车修理车间 工人在机车内进行焊接工作 工人在修理车间内工作

戚墅堰机厂修理货车（1941年）

除修理车辆外，戚墅堰机厂也开始从事新车制造

制造中的机车

工人对新制造的机车进行装配

该厂制造的客车车厢

工人在客车车厢上安装配件

餐车

餐车内部

戚墅堰机厂车轮车间全景

车轮车间

工人安装车轮(左)与铸造车间(右)

铸造车间

1941年戚墅堰机厂厂内3千瓦的熔矿炉

沦陷期间增设的炼钢电炉

铸造模具

1941年机厂内的工作场景

铸造车辆的工人

车床工人

焊接工作

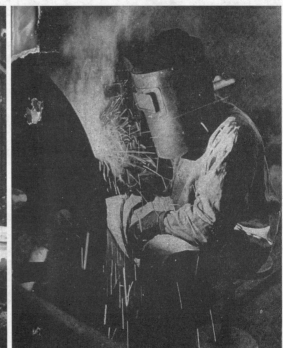

沦陷期间戚墅堰机厂建设的工人宿舍

厂方认为工人技能不强而设置了"技工养成所",同时向未成年工人灌输日语和奴化思想

华铁将日本运来的汽油车涂装成"爱路列车",通过兜售廉价物品蛊惑沿线民众"爱护铁路",防止抗日力量破坏

1939年8月5日华铁在沪杭铁路临平站开设"爱路廉卖市场"时,为增加人气而请来了其敌国的美国摄影师播放电影

1941年,机厂每天有2000多名中国工人进出

651

1939 年 11 月下旬，"爱路列车"驶抵沪杭铁路长安站向当地民众出售廉价商品

1940 年 2 月的华铁爱路课课长井本威夫

戚墅堰"爱路茶馆"里充斥着各种日伪宣传品

麦田里的"爱路茶馆"

茶馆内的中国民众

"爱路"连环画剧旨在诱骗更多民众

针对少年儿童的"华铁巡回文库"读书活动

华铁对协助其工作的"优秀"中国人进行"表彰"
（1941年）

1939年12月21日，日军独立混成第11旅团独立步兵第48大队纠集海宁长安镇的伪政权人员召开"铁道爱护团"成员会议

1940年6月1日，讲习会日语班第一届毕业人员等在华铁总部大楼前合影

华铁的巡回诊疗车亦以笼络民众为目的

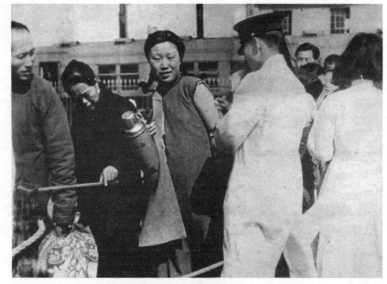

华铁防疫班在车站上强行给乘客注射预防针

建于会文路
的华铁上海
铁道医院

华铁经营的
三座旅馆，其
中嘉兴南湖
烟雨楼遭到
破坏性改建

1941 年 9 月，华铁在京沪铁路南京站站内开办食堂车

1940 年 11 月后，南京站站房上的"南京下关车站"六个大字被华铁移除

1940 年的南京站站台

南京站的伪警察

京沪铁路上的儿童乞丐

655

南京站外的马车

1939 年 11 月的镇江站，站牌被华铁涂黑

之后的镇江站站牌被重新涂装

常州站站台

无锡站站台

苏州站站牌

外跨塘站

炮台湾站附近的淞沪铁路

1940 年 12 月的淞沪铁路吴淞站

上海北站乘客增多（上）；售票厅内的人群中夹杂着日本妇女（下）

华铁修复后的沪杭铁路松江站

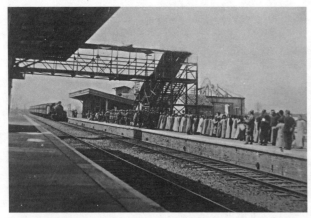

日伪驱使枫泾镇的民众在沪杭铁路枫泾站站台上列队迎接某重要人物

列队的日军侵略者和伪警察，后方的枫泾站站房仍未修复

日军登上装甲车沿沪杭铁路上巡逻

日军在七星桥站

1941 年日军第 22 师团步兵第 86 联队盘踞下的嘉兴站

嘉兴站北的华铁办公区域及远处的高级员工住宅

嘉兴站旁的华铁员工宿舍

设在沪杭铁路旁的日本华中蚕丝株式会社"长安驻在所"长期掠夺我国的蚕桑资源

笕桥站

满目疮痍的杭州城站逐渐恢复其日常的交通功能

1939年5月,日军第22师团通过沪杭铁路集结,扫荡崇德石湾镇一带的抗日武装

1939年五六月间，日军独立混成第11旅团扫荡结束后在沪杭铁路斜桥站集结并接受部队长训话

1939年6月，日军独立混成第11旅团下属的独立步兵第48大队乘轨道车在许村站附近巡逻

1939年6月，即将建成的许村站炮楼及日军营房

日军独立步兵第48大队大队长宫岛岩一郎等人在沪杭铁路临平段巡逻

日军独立步兵第48大队侵略者乘坐轨道车经过临平站

建在钱塘江大桥铁路北引桥上的地堡

1939年8月,日军独立混成第11旅团旅团长富士井末吉(左二)视察沪杭铁路

9月,日军独立步兵第48大队在斜桥站欢迎富士井末吉(正面右一)。左一、二为宫岛岩一郎和独立步兵第49大队大队长富田三郎

日军独立步兵第48大队参谋中川(左二)、高级副官成田(右)在嘉兴站

日军在长安站修建的炮楼

日军独立混成第11旅团旅团长富士井末吉一行视察长安站

日军独立混成第11旅团侵略者乘机车在沪杭铁路上巡逻

1939年10月31日，日本陆军参谋总长载仁亲王一行视察上海后乘专列前往杭州

11月1日，载仁（右四）视察杭州后从杭州城站出发前往苏州

日军将炮车拉到沪杭铁路长安站的站台上，深恐抗日武装袭击载仁的专列

11月2日，驻南京的"支那派遣军"总司令兼第13军司令西尾寿造及其下属军官在京沪铁路南京站迎接载仁

载仁（右二）抵达南京站

载仁走出站台

载仁一行乘车离开南京站

1939年11月6日，日军军官在南京站列队送走视察完毕的载仁一行

载仁乘车离开南京返回上海

1939 年 11 月 10 日，新任日军第 13 军司令藤田进抵达上海北站

1939 年 11 月，日本国防妇人会在京沪铁路沿线车站接待从江西返回上海的日军第 101 师团。该部在江西战场损失惨重

日军第 101 师团步兵第 103 联队第 1 大队在京沪铁路常州站

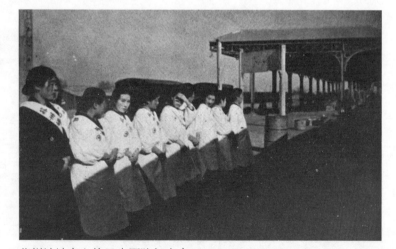

苏州站站台上的日本国防妇人会

1940年3月，各地物资源源不断地运抵京沪铁路南京站，为汪伪"还都"南京作准备

"还都筹备委员会"于3月15日在南京站站内设立了"还都招待处"

"还都招待处"的牌子还被挂在南京站日籍站长的办公室外

3月16日起，大批汪伪人员从上海北站出发"还都"

汪伪的大批物资堆积在平板车上

汪精卫的卫队乘车出发

汪伪要员抵达京沪铁路南京站

汪伪要员抵达京沪铁路南京站

3月17日，汪伪国民党宣传部部
长林柏生（中）抵达南京站

大批汪伪人员抵达南京站

3月19日，一批外国记者到达南京站准备进行采访

参加日本东亚运动会的汪伪政府选手于1940年5月26日在京沪铁路南京站乘车前往上海转轮船赴日

1940年11月30日日汪签署"基本关系条约"后，南京站挂上了彩带

1941年1月7日，汪伪《大亚洲主义》月刊社的职员在南京站迎接日本众议院"东亚联盟促进议员联盟视察团"

1941年3月1日，日本驻华大使本多熊太郎（前排中）返回南京就任时抵达南京站

1941 年 3 月 30 日，汪伪"庆祝还都一周年"时的南京站

汪伪在南京站广场的水泥柱上大肆鼓吹"还都周年纪念"

华铁列车上的标语

1941 年 4 月，日军第 22 师团步兵第 86 联队通过钱塘江大桥再次进犯浙东，挑起宁绍战役

日军第 5 师团步兵第 42 联队在钱塘江大桥南堍的原铁路桥面待命

1941 年 6 月 1 日，日军第 5 师团步兵第 21 联队一部从上海抵达嘉兴站，开始对嘉兴地区实施"扫荡"

1941 年 7 月 15 日,汪伪中央监察委员陈璧君与汪伪内政部部长陈群、汪伪宣传部部长林柏生等人从南京站出发前往苏州视察清乡工作

1941 年 6 月 30 日,汪伪清乡委员会宣传委员会组织的宣传总队从京沪铁路南京站出发前往苏州,准备实施为掠夺沦陷区资源支援侵略战争的清乡运动

1941 年 7 月 13 日,日本"支那派遣军"总参谋长板垣征四郎在南京站准备乘坐"天马号"前往上海,转任朝鲜军总司令

原京沪、沪杭甬铁路管理局大楼前的日军岗哨(1941 年 7 月)

1941 年 12 月,汪伪军队在京沪铁路车站迎接视察苏南第二期清乡工作的汪伪国民政府要员

太平洋战争爆发前夕,在京沪、沪杭铁路联络线第 12 号桥南堍站岗的日军士兵和公共租界的欧美士兵

1939年5月29日,抗日武装袭击沪杭铁路斜桥站附近路段,普通乘客在站内的候车亭避险

1939年6月25日凌晨,新四军江南抗日义勇军第2路第1支队支队长王萱春率部袭击京沪铁路浒墅关站,破坏了站房和路轨,铁路被迫停运3天

1939年10月20日,国民党京沪、沪杭甬铁路特别党部常委李达三因留在"孤岛"输送铁路技术工前往大后方而被汪伪特工总部逮捕。1941年10月11日被保释出狱后不久即前往重庆

国民党京沪、沪杭甬铁路特别党部监察委员宋传骧亦因从事原路局的地下党务工作而遭日伪逮捕并施以酷刑,1948年病逝

1939年12月国民政府发起冬季大反攻,控制了沪杭铁路的部分路段

1940年,中共华北局社会部在京沪铁路南京站建立了一个打入汪伪政府的"南京下关车站情报转运站",王牌情报工作者李时雨任该站的党小组组长、情报特派员

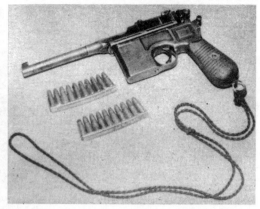

1940 年 11 月 29 日,"天马号"列车在京沪铁路外跨塘站附近被国民政府的忠义救国军炸毁倾覆,前往南京参加日汪"基本关系条约"签署仪式的大批日伪人员被炸死炸伤

列车爆炸案执行者——忠义救国军指挥部本部交通队队长孟少光

孟少光在观测爆炸后的情形时不幸中弹身亡,其手枪和子弹被日军缴获

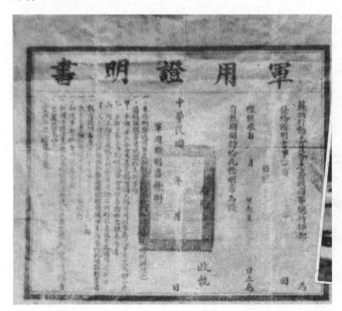

孟氏的军用证明书

日本《大阪每日新闻》社出版的《"支那"事变画报》用日军在列车爆炸案现场医治受伤的中国平民的照片进行蛊惑宣传

抗日运动沉重打击了日伪统治。1941 年,华铁举行了死亡员工"慰灵祭"

1941 年 6 月 24 日,华铁再次举行"慰灵祭"祭奠死者

1941 年 9 月,中共上海地下党职员运动委员会指派地下党员包起植打入华铁上海机关区开展革命工作

1941 年 9 月 17 日,抗日志士为纪念九一八事变而在京沪铁路南京站站内引爆定时炸弹,造成 43 人伤亡

爆炸后的南京站

1941 年 10 月 24 日,华铁常州"爱路区"无锡"爱路分区"区长小野荣被抗日武装击毙

第三节 败亡

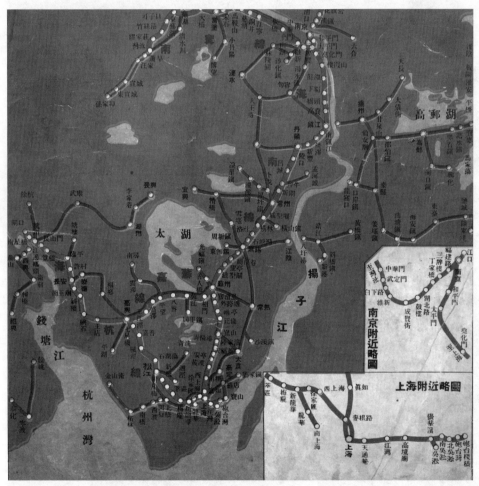

太平洋战争爆发后华铁经营的铁路（粗线）、公路图，但实际上很多火车站直到日本战败也未开放并从此废弃

1943年6月15日，华铁副总裁田诚辞职后由理事上林市太郎接任，空缺的理事职位由日本铁道省东京铁道局局长高须俊一担任

1937年底来上海修复铁路的日本铁道省工程师加贺山学于1943年担任理事

1943年12月27日，被日军从香港押至上海的郑洪年出任华铁总裁，但实际业务仍由上林市太郎等日本人控制

1944 年华铁召开的会议，郑洪年居中，上林市太郎在右

1945 年新增的华人理事陶孝洁

1942 年 3 月 21 日，华铁重建的沪杭铁路杭州城站站房投入使用

华铁副总裁田诚（左）等人在城站落成仪式上致辞

城站站房南立面

"金陵丸"载重 2718 吨,航速 12 节,可装载 15 吨货车 33 辆、30—40 吨货车 24 辆、客车 12 辆

1942 年 4 月 3 日,华铁在虹口的黄浦江码头上举办"金陵丸"轮船的下水典礼。该船用于沦陷后没有专用渡轮的原首都铁路轮渡

日本川崎重工 1942 年制造的SL12型机车牵引上海至南京、杭州的"急行列车"

1943 年 1 月 4 日,戚墅堰机厂制造的起重车在上海北站车辆库举行竣工典礼(上);汽油车由于汽油缺乏而改用石炭瓦斯,最初在吴淞至嘉兴间试运行,行程 114 公里,耗时 2 小时 52 分钟(下)

1943 年 的 戚 墅
堰机厂铸造车间

华铁工人用
鹤嘴镐施工
（1943 年）

机厂里的中日员
工赶制机车、货车

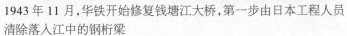

1943 年 11 月，华铁开始修复钱塘江大桥，第一步由日本工程人员
清除落入江中的钢桁梁

日本工程人员用枕木垛搭建基础桩

单侧钢桁梁被吊起

日方起吊落入江中的第 10 孔钢桁梁

677

日方起吊落入江中的第 10 孔钢桁梁

落入江中的第 12 孔钢桁梁被吊起

日方起吊第 13 孔钢桁梁

第 14 孔水下清理作业

第 14 孔钢桁梁抬升作业

日方完成第 15 孔钢桁梁抬升准备作业

1944年3月28日，国民政府忠义救国军袭击日军驻守的钱塘江大桥并爆破了第5号桥墩，钢梁支座严重受损

华铁用混凝土临时加固、修复被爆破的钢纵梁

日方准备起吊落入江中的第15孔钢桁梁

第15孔钢桁梁抬升作业

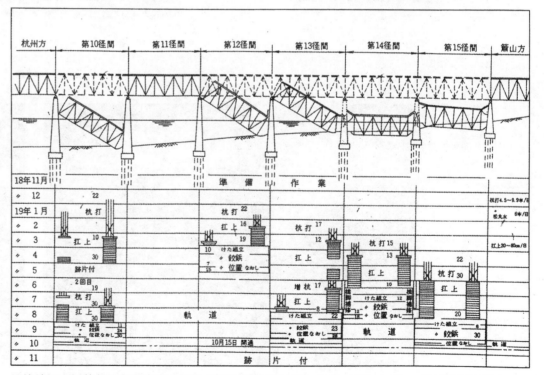

从钱塘江大桥修复工程图表中可见以上钢桁梁修复工作均在1944年，10月15日铁路桥面通车

1944 年 1 月 30 日"第二金陵丸"下水，用于南京至浦口间货车的渡江运输

1944 年 4 月下旬起，华铁工作部设计的新型煤炭瓦斯动力车在沪杭铁路上海至嘉兴间运行

沪杭铁路上的华铁货车

1944 年戚墅堰机厂修理机车的场景

戚墅堰机厂铸造车间

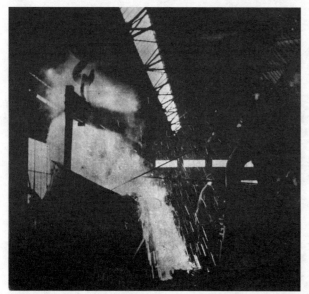

戚墅堰机厂铸造车间

1942 年日伪军在京沪铁路上巡逻，
实施华铁的"爱路工作"

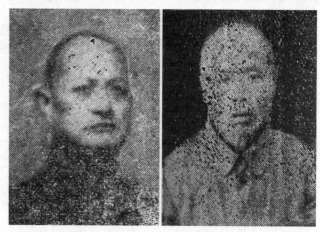

1942 年，沪杭铁路新桥"铁路爱护联合会"会长周鸿江
（左）、嘉兴"爱路区"长安分区"爱路手"王兴球（右）均因
"爱路"丧命

1943 年从事华铁"爱路工作"的日军士兵

华铁组建的"爱路少年团"

华铁人员向儿童表演"爱路"连环画剧（左）；华铁的巡回诊疗队在沿线"服务"（右）

沪杭甬铁路杭甬段的路基于 1944 年被华铁改建为公路行驶长途汽车

长途汽车行驶在原余姚站站场内

太平洋战争初期日军一度取得胜利，为此华铁于 1942 年 2 月 17 日在上海总部举行了"庆祝新加坡陷落"的大会

二楼主席台上方"庆"字的一角已脱落

1942年4月30日,华铁举行"创立三周年"大会

大会上的职员表彰仪式

由于日军对物资实行统制,华铁设立了职员"购买组合"上海配给所

1942年11月3日,华铁根据日本政府命令组织的"共荣会"举行开幕式

上林市太郎检阅列队的职员

1943 年, 华铁为安抚其留在日本国内的职工家属召开的"内地留守恳谈会"

1942 年 1 月 17 日, 纳粹德国派驻汪伪政府的新任大使史达玛(Heinrich Stahmer)到达京沪铁路南京站, 准备递交国书

1942 年春, 在沪德国人组织的"希特勒青年团"在上海北站出发前往无锡参观

1942 年 5 月浙赣会战爆发时, 日军独立混成第 17 旅团独立步兵第 88 大队通过钱塘江大桥的临时便桥向浙东进犯

1942 年 5 月 21 日, 日军小菌江混成旅团的一部——第 26 师团独立步兵第 13 联队通过钱塘江大桥的便桥参加浙赣会战

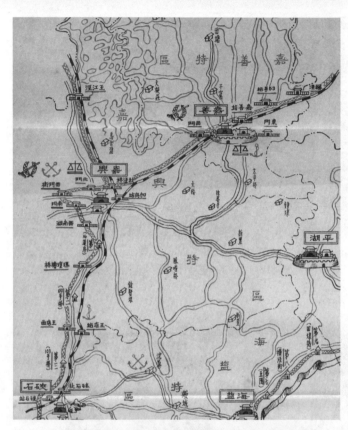

1942年7月日伪太湖东南第二期清乡开始后，沪杭铁路枫泾至嘉兴段、苏嘉铁路旁建起了封锁线（网格状线条）和"检问所"

沪杭铁路长安站站前的大"检问所"

清乡时期，日伪对各种物资实行严格统制，京沪、沪杭、苏嘉铁路沿线出现了大批"跑单帮"即贩卖小商品的民众

车站上的女警对乘客及其随身物品进行检查，乘机中饱私囊

1942年9月12日，日军第70师团独立步兵第102大队作为该师团的预备队侵驻沪杭铁路笕桥站

1943年7月23日，汪伪国民政府宣传部部长林柏生抵达上海北站，鼓吹汪伪"收回"上海公共租界

1943年汪伪清乡委员会秘书长兼江苏省政府主席李士群被周佛海毒杀后，其灵柩于10月14日运抵上海北站

1943年11月27日，伪"华北文化观光团"抵达上海北站

1943年11月，中共上海地下党职员运动委员会指派陈杏荪打入华铁上海"车掌区"，组织力量为新四军运送通讯器材

曾在两路局工作的新鸳鸯蝴蝶派代表人物秦瘦鸥(时名秦思沛)撰写了《京沪沪杭甬铁路的回忆》，连载于1942年5—6月的《政汇报》

1943 年 2 月,盘踞在沪杭铁路周王庙站炮楼内的日军第 70 师团独立步兵第 102 大队第 1 中队充当铁路守备工作。右上图前排中是华铁派驻该站的日籍站长

1943 年 4 月，日军第 70 师团独立步兵第 102 大队大队长山根次郎乘坐轨道车巡视沪杭铁路周王庙站

日军独立步兵第 102 大队第 1 中队中队长宫之首大壮报告铁路警备状况

侵驻长安站的日军第 70 师团独立步兵第 102 大队第 1 中队的官兵

日军第 70 师团独立步兵第 102 大队第 5 中队盘踞斜桥站

1944年2月,牵引华铁第211次列车(上海开往杭州)的机车　　华铁第211次列车驶抵沪杭铁路松江站　　乘客一拥而上

华铁的日式轨道车　　华铁第211次列车抵达嘉兴站　　嘉兴站的杭州方向

驶出嘉兴站的列车通过沪杭铁路第 80 号桥

列车通过沪杭铁路第 80 号桥开往杭州

华铁第 212 次列车驶出嘉兴站开往上海。
此处为嘉兴站东扬旗

华铁第 212 次列车抵近松江境内的某大桥

列车抵达某大桥

列车行驶在某大桥上

1944 年 12 月 28 日，国民政府忠义救国军在沪杭铁路王店至硖石区间炸毁了路轨和列车，日伪在路旁筑起的清乡封锁线已形同虚设

由于日军丧失了制空权，从 1944 年上半年起，华铁频繁举行防空演习

由于钢铁物资匮乏，从 1944 年起包括照片中沪杭铁路长安站等沿线各站的人行天桥均被日军拆除

1945 年 3 月 4 日，乘客徐佩文在上海北站被华铁"爱路警"（俗称黑帽子）蒋士彦殴打致死，引发舆论严厉批评

1945 年初苏嘉铁路被日军拆毁后的嘉兴站

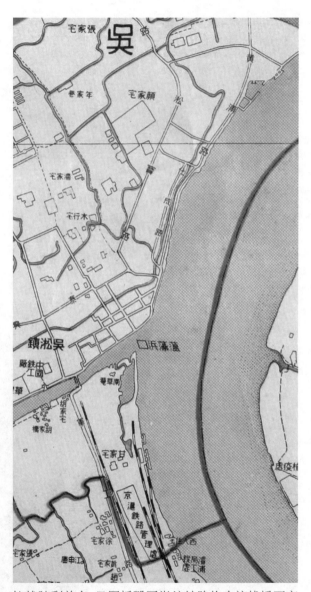

抗战胜利前夕，日军拆毁了淞沪铁路炮台湾栈桥至高境庙路段，战后虽修复至蕰藻浜站，但吴淞镇从此再无火车通行

>> 第十一章　冲破

第一节　困顿

1945年8月15日，日本宣布无条件投降，上海日军缴出的2262匹马等军用动物被装上货车运走

1945年8月，国民政府交通部指派陈伯庄担任京沪区交通特派员，负责接收京沪、沪杭等铁路

1945年9月6日，中共地下党领导的两路员工会在上海成立，组织开展与国民党接收势力的斗争，并培养了一批革命干部和积极分子

德安里是中共地下党领导的两路员工会进行开展斗争的秘密集会点之一

由于国民政府的军队主力尚未从后方到达且日军数量众多,至1945年9月,沪杭铁路笕桥站仍由日军控制

1945年秋,美国空军飞行员在笕桥站站台上购买干果,准备前往上海

1946年3月1日京沪区铁路管理局成立后,办公地点仍设在日伪华中铁道株式会社民德路的办公楼内

1946年修复后的原京沪、沪杭甬铁路管理局大楼(上);旅客在上海北站售票处排队购票(中左);头等车厢候车室内景(中右);乘客在站台登车(下)

1946 年 1 月初建成的上海北站新售票房　　1946 年沪杭铁路杭州城站的站场修建工程　　沦陷时期的日本汽油车被改为"西湖号"列车，1946 年 3 月 17 日起在沪杭铁路上运行

1946 年 4 月起,京沪区铁路管理局对联合国善后救济总署从伊朗运来的 1203 辆援华货车进行装配　　这些货车于 1947 年 1 月完成装配工作

1946 年 6 月 18 日清晨,一辆满载火柴的卡车在京沪铁路真如站附近的平交道上与南京驶来的"凯旋号"特快列车相撞,导致卡车和多节列车车厢被烧毁

1946 年上海北站问询处的女员工

被烧毁的车厢内部

铁路边的卡车残骸,车上的司机和小工被烧死

被烧毁的头等车、二等车和餐车,40 名乘客受伤,行李、财物也有较大损失

1946年7月10日，凯旋号在京沪铁路周泾巷站附近出轨倾覆

1946年12月17日，京沪区铁路管理局警务处召开民国三十五年度年终工作检讨会

京沪铁路南京站站台入口戒备森严

1946年4月11日，新任浙江省政府主席沈鸿烈（前排右）与前任主席黄绍竑（前排左）在沪杭铁路杭州城站合影

1946年6月3日，国民政府监察院院长于右任（右一）抵达上海北站视察上海战后情形

1946 年 6 月 10 日复员的青年军第 209 师官兵从嘉兴乘专车抵达上海北站

青年军列队离开北站

1946 年 6 月 23 日，上海工商、教育、文化界 5 万余人举行反内战游行，并在上海北站欢送请愿代表团前往南京向国民政府请愿，反对内战

北站广场上的欢送人群

与此同时，反美反内战示威行动在上海北站掀起

上海各校学生在停靠于北站的列车上张贴、涂写各种标语

写满、贴满抗议文字和标语的列车

大同大学（位于原上海南站北侧）附属中学的学生在北站站台合影

复旦大学学生在北站三、四等客车行李房前打出"美军退出中国"的横幅

女学生在上海北站站台上为请愿团送行

请愿团主要成员。左起：任代表团秘书的浙江兴业银行董事长胡子婴、上元企业公司董事盛丕华、中兴实业公司董事张纲伯、大明公司总经理阎宝航、东吴大学教授雷洁琼、雷石化学公司董事长包达三、北京大学教授马叙伦

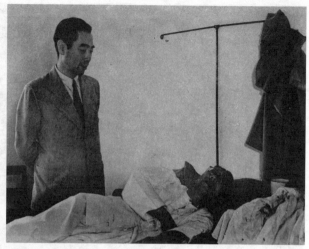

请愿团成员到达京沪铁路南京站后被一群自称难民的人围困至深夜后暴打，团长马叙伦被打成重伤，中共代表团周恩来随即前往医院探望

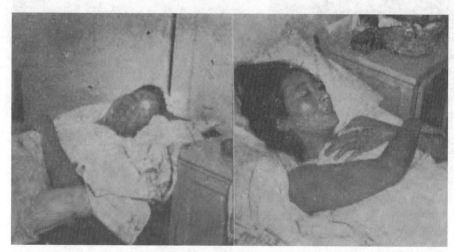

被打伤住院的中国民主同盟职员叶笃义（左）和被打后手臂上紫痕斑斑的雷洁琼（右）

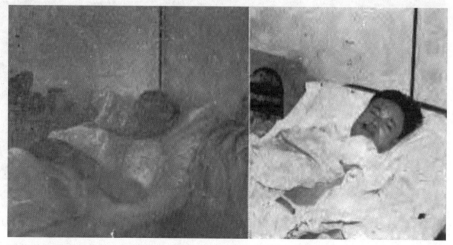

受伤的阎宝航（左）与伤情最重的圣约翰大学学生陈震中（右）

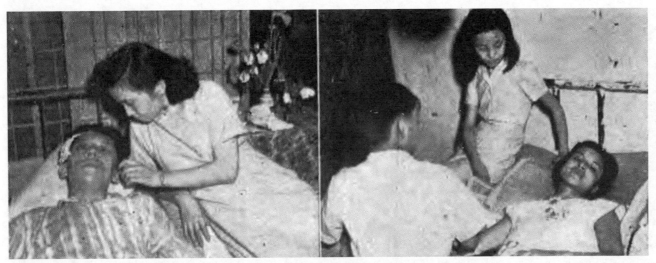

受伤住院的《大公报》记者高集（左）和《新民报》女记者浦熙修（右）

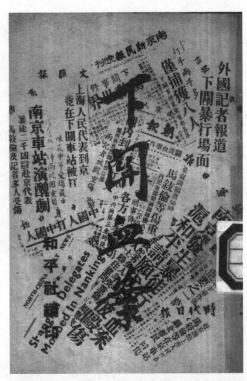

这起事件史称"下关血案"，相关文件于1946年7月由和平社编辑出版

6月25日请愿团代表在南京召开记者会时，自称苏北难民的曹天佐（右）自行发表演说表示并未受人指使，其他"难民"在旁拍手（左）

1946年7月2日，准备参加国民大会的新疆代表（前排5人）抵达上海北站

1946 年 7 月 4 日,国民政府军事委员会在京沪铁路和平门站送相关人员赴美参加联合国安全理事会军事参谋会议

1946 年 7 月 8 日,中美农业技术合作团从上海乘车抵达京沪铁路南京站

1946 年 7 月 12 日,从新疆复员的第一批东北义勇军抵达上海北站时受到热烈欢迎

义勇军中的年老者有十余人,最年长者已 91 岁。抗战时期,这批义勇军从东北撤往俄罗斯,再向西进入新疆

1946年，台湾文物展览列车抵达京沪铁路常州站并向各界展示

由于大肆倾销的美国商品严重冲击国货市场，由吴蕴初、金润庠等40余人组成上海工商界请愿团于1946年8月8日乘专车前往南京

1946年8月28日，与蒋介石存在尖锐矛盾的国民党中央委员冯玉祥从重庆经南京抵达上海北站，准备前往美国考察水利

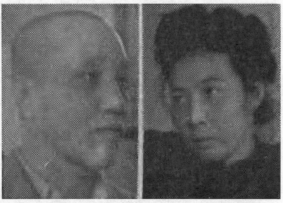

1946年6—9月，以京沪区铁路管理局材料处处长张鸿图（左）及其夫人郁香严（右）为核心的贪污集团引发的"两路局舞弊案"轰动一时

1946年10月5日，40余名汉奸经江苏高等法院审判后由苏州押解至上海北站，再被运往上海的监狱服刑

打死女乘客徐佩文的日伪华中铁道株式会社"黑帽子"将士彦十1946年12月18日被判处无期徒刑

1946年12月20日,国民政府国防部次长秦德纯(右二)奉蒋介石令抵达上海北站,调查江湾军火库爆炸案

1947年4月,前美国第14航空队司令陈纳德(右)与京沪区铁路管理局局长陈伯庄在上海北站合影

两路一年来顯著之進步乃全體員工努力之收穫藉此基石以紀辛勞

京滬區鐵路南京下關車站奠基紀念

中華民國三十六年五月十六日

交通部部長俞大維

1947年5月16日京沪铁路南京站新建工程开工的奠基石

新建工程只是在原站房外加盖U型建筑形成大厅

建设中的南京站大厅内景

南京站新建工程的设计师杨廷宝

1947年10月，京沪区铁路管理局工务处副处长张万久等人前往京沪铁路天福庵站附近视察钢轨、枕木的调换工作

1947年6月12日，上海北站新建的三、四等候车室投入使用

二、三、四等车厢候车室内设置的零食商店

1947 年新建的上海北站站台雨篷

美国《生活》（life）杂志记者航拍照中的白色长
条即为新建雨篷

1947 年下半年北站广场的修整工程

国民政府交通部为应对大量外来物资抵沪，令京沪区铁路管理局在淞沪铁路张华浜码头建造一座新码头

1947 年 3 月，新建码头投入使用

新建码头的卸货场景

1947 年沪杭铁路日晖港站新建的货栈

人行天桥被日军拆毁后，1946 年 12 月嘉兴站不得不新建地道供旅客行走

1947 年新建的闸口仓库内景

浙江省政府与浙赣铁路管理局对钱塘江大桥进行修理

1947 年 3 月 1 日修理完毕、4 月 1 日恢复通车后列车通过大桥的场景

1947 年 2 月 24 日，京沪区铁路管理局向美国购买的第一批头等车厢运抵上海

从美国运抵上海的机车（1947 年年中）

从美国运来的货车在淞沪铁路张华浜码头外的黄浦江上起吊上岸

由美国运来的新车厢编组成的客运列车

吴淞机厂堆放着联合国善后救济总署从波斯湾运来的车厢零部件

美国机车公司（ALCO）制造的AM3型机车用于京沪、沪杭铁路

1947年戚墅堰机厂新建的工房。抗战胜利后该厂扩大规模，设备和成绩均居全国首位，承办浙赣、陇海等铁路的车轮修造工作

1947 年的戚墅堰机厂占地 500 余亩,员工 3000 余人,每月能对 10 辆机车进行重新装配

戚墅堰机厂机械工场。此时全厂共有工场 15 间,炼钢炉 3 台,产品有车床、轮轴、螺丝、电石、焦炭等

1947 年戚墅堰机厂仿照美式流线型车厢自行制造一列完整的客车

流线型客车车上装有冷暖气设备和自动折叠式门梯

1947 年的头等客车内景

711

专用车的会客厅

1947 年的头等卧车内景

改造后的三等车厢内景

1947 年的京沪铁路头等车厢内人满为患

1947 年，上海北站售票厅内的列车时刻表实施了亮化

1947 年的上海北站头等车厢对号座位售票处

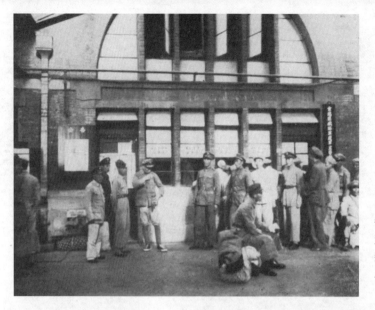

1947 年 1 月 5 日京沪区铁路管理局开始实施优待军人乘车办法,军人在上海北站军宪警联合办事处依照手续检验证件后换取免费车票

京沪区铁路管理局的军人优待专车

上海北站至嘉兴站的军人半价票

1947 年 1 月,大批旅居上海的民众在北站购票

1947 年京沪区铁路管理局客运营业所的自行车送票队

1947 年路局货运营业所接送货物的卡车

1947 年京、沪邮政部门推出设在京沪铁路夜快车内的"火车行动邮局"，收寄邮件并出售邮票

"火车行动邮局"内的邮政人员通宵分拣信件

1947 年京沪区铁路管理局开行的巡回诊疗车

上海北站餐室

1947 年 5 月，全路局的节煤竞赛冠军为沪杭铁路闸口机务段的方仲英班（左）；7 月轨道工作竞赛冠军获得者为沪杭铁路枫泾监工区的监工钟田万（右）

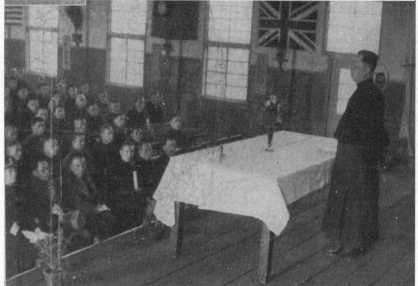

1947 年元旦路局举办了忠勇员工授奖典礼，陈伯庄致词

1947 年 5 月，京沪区铁路管理局员工因物价飞涨、生活困难发起"合理调整票价"运动，在上海北站内拉起横幅

员工请乘客签名支持票价调整

1947 年的京沪铁路南京站站台

苏州站

无锡站

上海北站

1947 年的上海北站大厅

1947 年的北站三四等车厢候车室

北站的播音员在向旅客播报列车时刻

开往北站机车房检修并添加煤水的
机车(1947 年)

嘉兴站站内

从沪杭铁路第 80 号桥上眺望南湖与湖
州的小瀛洲

嘉兴壕股塔下的沪杭铁路

从嘉兴南门外帆落浜远眺沪杭铁路

嘉兴日晖桥下拍摄的沪杭铁路第 81 号桥

杭州城站

供浙赣铁路使用的城站 2 号站台

城站旅客出口

1947 年的闸口机厂机车房

1947 年的钱塘江大桥

钱塘江大桥铁路桥面

列车驶出钱塘江大桥

1947 年的南京铁路医院

1947 年的上海铁路医院

1947 年 2 月 15 日，美国记者团由南京抵达上海北站

国共谈判完全破裂后，中共代表团驻沪办事处全体人员于 1947 年 3 月 5 日撤离被国民政府封锁的思南路周公馆

办事处人员登上开往上海北站的汽车

行李用卡车运往上海北站

办事处人员在北站乘车前往南京,然后返回延安

1947 年 4 月 11 日,主张朝鲜南部单独建国的李承晚抵达京沪铁路南京站,准备与蒋介石会谈

1947 年 4 月 23 日,京沪铁路金陵号特快列车最后两节车厢在西巷站出轨倾覆(上);路局人员前来检查铁轨,寻找事故原因(下)

事故现场(上);路局工人抢修路轨(下)

1947 年春，行政院善后救济总署调拨的面粉在淞沪铁路张华浜码头装上机帆船运往各地

面对国民政府教育部对交通大学的打压和改名威胁，交大护校委员会于 1947 年 5 月 13 日晨率领全校 95％ 以上近 2800 名学生抵达上海北站，准备前往南京请愿

交大学生挤满了北站候车室

交大吴保丰校长（低头看纸者）抵达北站广场

吴保丰用扩音话筒宣读教育部的五项保证并劝导学生返校

无奈的吴保丰

学生在站房外墙上涂写标语、悬挂横幅

学生在公告栏旁张贴大字报抗议教育部

请愿团学生在北站站台拉开横幅

学生在站台上候车

在铁路员工的帮助下，交大学生自行驾驶机车开抵站台

学生登上由 27 节货车组成的列车

贴着"交大万岁"的请愿列车于傍晚 6 点半驶出上海北站

车身上的横幅

京沪铁路的多段钢轨被京   学生下车重装钢轨
沪区铁路管理局奉命拆除，
阻止请愿列车前进

当天深夜,由于京沪铁路真如站东的弧形轨道被拆,请愿列车不得不停止开行

学生在车厢里吃饭

5月14日天亮后仍停在真如站外的请愿列车

请愿列车

上海市市长吴国桢(中间穿浅色西装者)前来与学生谈判。最终学生在得到各方的满意答复后回校

725

1947年5月19日，上海12所高等院校的36名代表组成请愿团在上海北站上车前往南京参加反饥饿、反内战联合斗争

1947年9月5日，国民政府监察院院长于右任（左）、外交部部长王世杰（右）从南京抵达上海北站，王世杰将转乘飞机赴美国出席第二届联合国大会

1947年12月3日，上海各界代表团在北站等待新疆歌舞团专车的到来

1948年1月10日，新疆歌舞团在上海北站登上西湖号列车前往杭州

第二节 残局

1948 年 2 月，国民政府军队的装甲车在沪杭铁路上巡逻，企图防止中共武装力量的渗入

1948 年初《大公报》（上海版）记者拍摄的京沪铁路"金陵号"列车内部

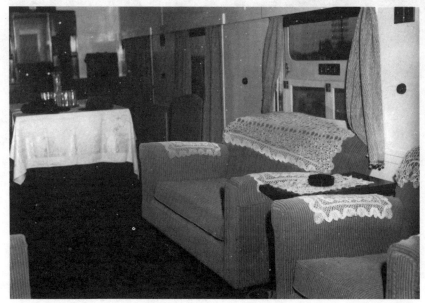

1948 年 7 月 22 日，由戚墅堰机厂制造的"飞快车"在京沪铁路上试运行

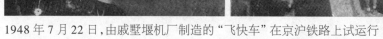

1948 年的"总统号"专车

"飞快车"从上海北站抵达南京站，用时 5 小时

除机车外，"飞快车"有 5 节客车、1 节餐车、1 节邮车和 1 节瞭望车

"飞快车"的机车

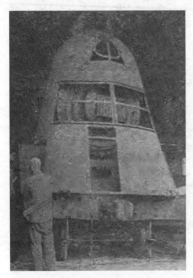

该机车只是在原有蒸汽机车的外面加装外壳

"飞快车"采用的新型转向架和轴箱使车辆得以平稳、快速行驶

"飞快车"的冷气机机房

车上的冷气通风设备

"飞快车"尾部的瞭望车

"飞快车"车体

"飞快车"的头等车厢

729

会客室

二等车厢内的乘客

二等车厢，内设 52 个座位

其他车厢

瞭望车内的酒吧

瞭望车内的酒吧

"飞快车"的瞭望车车内

瞭望车内可转动的沙发

媒体记者与戚墅堰机厂厂长高振洲(左五)在瞭望车里谈话

有媒体将这张照片配上了"如此年头!如此局势!如此豪华冷气飞快车!"的文字。1949年2月21日,"飞快车"停止运行

731

1948 年的普通客运列车　　　　　　　普通列车的三、四等车厢多由货车改装而成　　　由小型棚车改装的三等车（1948 年）

平民乘客拥挤不堪　　　　　　　　　　与"飞快车"形成了鲜明的贫富差距对比

1948 年戚墅堰机厂自行制造中的中型流线型车辆,已有多辆出厂

戚墅堰机厂自行制造的头等卧车

头等卧车内的盥洗台

戚墅堰机厂即将出厂的新型三等车厢的电焊车架

南京站改扩建工程于 1947 年年底竣工,1948 年 1 月 1 日投入使用

南京站外景　　　　　　　　　　　　　站内大厅　　　　　　　售票处窗口即为原站房的窗户

美国《生活》(Life)杂志记者航拍与运河并行的京沪铁路　　　石塘湾站西侧路段航拍

京沪铁路无锡站东南侧的机车房和人字形的码头支线

浒墅关站。右下角被铁路堵塞的原河道清晰可见

苏州站

昆山站

战前铺设的沪翔复线在南翔站的辙尖前有一个反向弯道，列车高速通过时造成辙尖损耗、车厢摇晃。1948年3月下旬，京沪区铁路管理局将该弯道延长并向东迁移

3月31日完工后的南翔站新轨道

为绕过运力紧张的上海北站输送大批抵达吴淞一带港口的援华物资，1948年3月淞沪铁路何家湾站至京沪铁路真如站的何真支线开工，7月竣工

淞沪铁路张华浜码头安装的75吨大型起重机。"援华物资"大多为支援国民政府内战的军需品

1948年1月初建成的上海北站广场入口通道

由于北站原有头等、二等车厢候车室被军运军宪警联合办公室办公处占据,京沪区铁路管理局不得不新辟头、二等车厢候车茶室,1948年初建成

1948 年 1 月落成的上海北站行李房

1948 年初京沪区铁路管理局餐务管理所新增的站台手推食品车,在沿线大站巡回

站台餐饮服务为国民政府交通部颁行的"服务运动"的要求

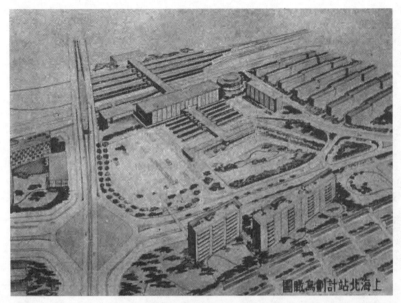

1948 年夏，上海市都市计划委员会制定的"上海市闸北西区重建计划"中将上海北站迁移至共和新路东侧，并规划为承接市内外交通的联合车站

1948 年 1 月 11 日，去世近两年的国民党中央执行委员叶楚伧的灵柩从上海北站运往苏州

1948 年 1 月，堆积在京沪铁路南京站的大米运抵上海，应对上海日趋严重的粮食问题

1948 年 3 月 2 日，巡视京沪铁路防务的国民政府陆军副总司令汤恩伯和美军顾问团少将参谋长凯逊等人在真如站下车

1948 年，中国共产党在军事斗争战线上捷报频传，国统区的"第二条战线"也硕果累累——上海民众在北站前欢送请愿代表前往南京，抗议国民政府的内战、独裁、卖国政策

联合国国际儿童紧急救助基金会配发南京区的第一批救济物资——8700磅（约合3946千克）奶粉于1948年7月26日运抵下关煤炭港

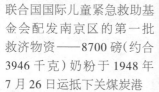

7月27日举行了联合国代表与中方代表的奶粉交接仪式

1948年夏上海经纬旅行社与京沪区铁路管理局签约开行的昆山旅行列车

1948年9月1日，中华民国副总统李宗仁游览江浙各地后从杭州乘车抵达上海西站，上海市市长吴国桢等前往迎接

1948年9月6日，中共下关车站支部书记马绪善被国民党逮捕，11月26日牺牲于上海

在极其严重的通货膨胀中，京沪、沪杭铁路沿线大批农民来往上海跑单帮，出售各种农产品糊口（左）；挤满"单帮客"的车厢内寸步难行（右）

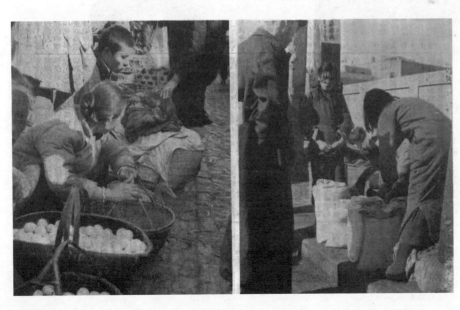

村姑用面粉袋装米抵达上海北站，下车后就在站外出售，站台附近成了临时米市场，一定程度上缓解了上海的粮荒（右）；祖孙三代从农村提着鸡鸭蛋来上海出售，再带一些肥皂、香烟回去（左）

在上海北站准备上车的"单帮客"（左）；"单帮客"抢购香烟运往北站（右）

大批"单帮客"麋集在上海北站候车室内准备离沪

1948年10月,北站站外挤满了准备检票进站的"单帮客"

1948年10月,山东、河南战区的学生聚集在京沪铁路南京站大厅内,准备继续南下

为解决学生的食宿和交通问题,国民政府社会部在南京站设立服务站,将面粉装上遣送列车供学生食用

被分配到浙、赣、湘等省就读的学生正准备上车

原沪杭甬铁路的货车被调往其他铁路运送军民

美国《生活》(life)杂志的记者航拍满载南下者的京沪铁路列车

1948年11月的上海北站拥挤不堪，在沪的外乡人因物价飞涨、生活艰辛而纷纷乘车返乡，平津、淮海战场的一部分民众前来躲避战火

1948 年 11 月 10 日在上海北站外候车的民众和国民政府军队的官兵

同日,逃离的民众挤满了离开北站的列车

1948 年 11 月,逃离上海的民众在北站外等候进站

北站大厅内挤满了逃亡民众

上海北站大厅内挤满了逃亡民众

售票处人满为患

头等车厢的售票窗口也是大排场龙

原本居住在上海的一家人在站台上候车

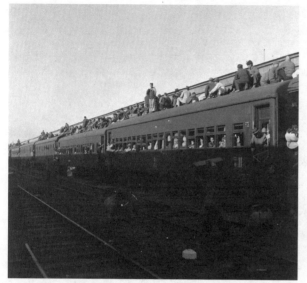

开往广州的列车抵达站台后很快就被逃亡者挤爆

用绳索吊在车门上的乘客

煤水车前一位抱着孩子的母亲无法上车，不知所措

煤水车上已坐满了逃亡民众

晚到的逃亡者因列车其他地方无法容身而不得不爬上滚烫的机车

满载逃亡民众的列车驶出上海北站

1948 年底, 京沪区铁路管理局分段配属的装甲车在铁路上巡逻

督察在装甲车内指示铁路警察执行任务

路警乘坐路局警务处的装甲车到达目的地

路警搀扶老弱旅客的照片用于营造"亲民"形象

1949 年 1 月人满为患的上海北站站台

装运国民政府军队杂物的京沪铁路运煤车

1949年初,装载国民政府军用汽车的货运列车停靠在南京站

乘货车南逃的士兵及其家属

南京站人满为患

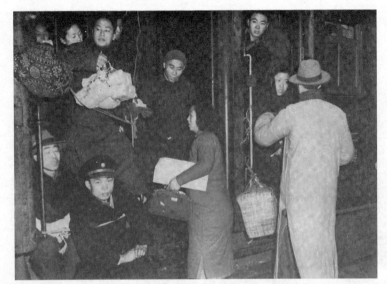

1949 年 1 月下旬年关将近时，南京城内家境殷实的居民在国民政府南迁广州的气氛中抢搭列车南下

南京开出的南下列车人满为患

列车车顶也挤满了人

江苏、安徽等各地民众纷纷乘车抵达上海

1949 年 2 月 1 日，王兆槐接替陈伯庄出任京沪区铁路管理局局长，4 月下旬辞职

第三节　解放

2月8日,铁路工人代表与淞沪警备司令部谈判

1949年2月7日,举行罢工的戚墅堰机厂工人把正在修理的流线型客车推入京沪铁路戚墅堰站正线,中断铁路交通

2月16日,京沪区铁路管理局6000余工人举行大罢工,戚墅堰机厂的工人乘两列专车前往上海请愿,要求提高工资以维持生活

京沪杭警备总司令部的总司令汤恩伯派军队炸毁了真如附近的铁路阻止工人到沪,同时令京沪区铁路管理局与在途中的工人谈判,路局接受全部条件后工人才返回戚墅堰,此次罢工致使京沪铁路停运36小时

3月15日,国民政府行政院要员从上海回到南京,准备组建新内阁并与中国共产党进行和平谈判

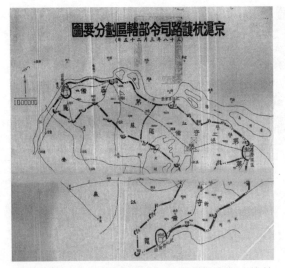

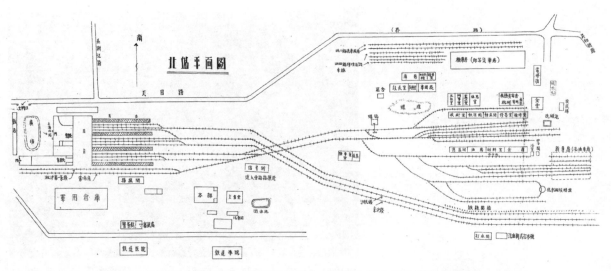

3月25日京沪杭警备总司令部绘制的《京沪杭护路司令部辖区划分要图》

3月间，中共地下党为迎接上海解放编印的《上海调查资料》中附有上海北站的详细示意图

4月17日，交通部联运处与京沪区、浙赣区、粤汉区三家铁路管理局合办的京粤直通车从京沪铁路南京站开出驶往广州，全程2196公里，耗时5天

开车前南京站举行了通车典礼，交通部部长端木杰致辞

首班京粤直通车总查验向佩玉致答词

端木杰与中国旅行社社长唐渭滨、交通部路政司帮办洪绅、京沪区铁路管理局副局长沈恩涛、交通部联运处处长谭耀宗（左起）在机车前合影

交通部联运处与中国旅行社合办的餐车的全体员工在机车前合影

4 月下旬的上海北站到处都是随国民政府南逃的军民

4 月 23 日，中国人民解放军占领南京，国民政府垮台，国民党军队沿京沪铁路从苏州撤往上海

4 月 23 日常州解放后，中国人民解放军战士在常州站站台上合影

上海北站站台成为大批国民党军队伤兵的栖居地

5月起，从上海开出的京沪铁路列车只能抵达昆山以东的陆家浜站，列车内部和车顶上都挤满了"黄牛"和返乡的乘客

当5月3日解放军第三野战军第62师的前锋进抵钱塘江大桥时，国民党军队引爆了大桥以阻止解放军南下

中共地下党提前动员引爆者移除了大部分炸药，因此铁路桥面未遭到严重的破坏

中共杭州市委书记（地下党）林枫于1948年底领导开展大桥的护桥行动

5月3日中午，当国民党军队企图再次对大桥实施爆破时，解放军第62师第15团通讯班班长李如德（左）、战士张春霖（右）及时砍断了导火线

沪杭铁路闸口机务段的职工抢修机车迎接解放

解放军第62师占领钱塘江大桥,5月3日杭州解放

铁路桥工队视察大桥损毁情形,准备
开展修复工作

上海解放战役期间,国民党军队炸毁了跨苏州河的京沪、沪杭铁路联络线第12号桥

上海的铁路工人拆除机车的牵引设备，防止国民党军队利用火车抢运物资

铁路工人在沿线重要路段装置电网

解放军进攻吴淞时与国民党军队在淞沪铁路张华浜码头激战后的场景

5月27日上海解放，当天上午第一列列车驶抵上海北站

5月30日，解放军上海市军事管制委员会铁道处处长黄逸峰率队抵沪接管京沪区铁路管理局，6月1日江南铁路管理局成立时出任局长

5月28日京沪铁路全线恢复通车,冷落多时的上海北站购票处显得特别拥挤

28日,上海民众向从南京开抵北站的解放军献上锦旗

"上海解放号"开抵京沪铁路苏州站。该列车组装于上海解放后

上海解放后,解放军修复苏州河梵王渡的京沪、沪杭铁路联络线第12号桥

铁路工人鞠占华在南京解放后率队恢复了京沪铁路南京至镇江间的运输，并发起组装"上海解放号"，11月13日被上海铁路管理局授予一等铁路功臣

参加解放军的上海青年在淞沪铁路江湾站乘车南下，加入解放福建的战役

6月间，铁路工人（含第三野战军铁道工程团）与沿线群众抢修被国民党军队炸毁的沪杭铁路桥梁

6月间，前国民政府资源委员会上海冷铸车辆厂的工程师与工人合作生产出机车车辆的车轮，不再依靠外国产品，质量也有了很大的提高

铸造更多的车轮能促进各地运输亟需物资，为建设新中国贡献力量

7月1日，上海至北平开通了"七一纪念号"列车，该机车是上海铁路工人修复的第一辆自动加煤蒸汽机车

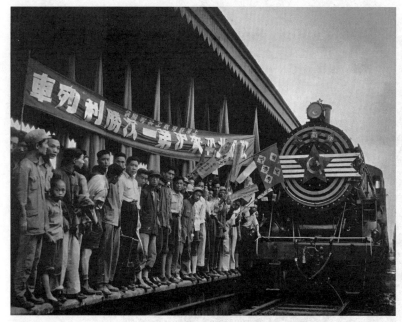

7月13日，"江南号"沪平联运列车驶抵上海北站，受到铁路工人的热烈欢迎

联运列车车厢上的运行区段指示牌

津浦铁路全线修复后，2000余吨东北大豆中的第一批750吨于7月10日由天津运抵京沪铁路麦根路货站，以满足上海市场的需要

东北大米运抵麦根路货站

7月14日，解放前逃亡来沪的群众在上海市人民政府的安排下在京沪铁路麦根路货站候车返乡

7月间，第三野战军某部在沪杭铁路嘉兴站登车，向福建进军

中共江南铁路管理局党委书记于洲

江南铁路管理局于 7 月 20 日突击完成了沪杭铁路第 33 号桥的抢修任务

7 月间，上海铁路工人修复沪杭铁路

8月1日，中国人民革命军事委员会铁道部上海铁路管理局成立，杭州设立了办事处

8月1日沪杭铁路全线恢复通车，下午"纪念号八一"列车从上海北站开出前往松江举行仪式

当晚9点，剪彩仪式在斜塘上的第30号桥桥面上举行

8月19日，中共上海铁路管理局委员会成立，谭光廷任党委书记、路局政委

9月26日，徐雪寒出任上海铁路管理局局长

11月4日至13日，上海铁路管理局庆功大会、上海区铁路工会成立大会召开

工会代表在小组会上讨论各项章程

工会成立大会上评定的一等功臣

11 月 13 日，中华全国铁路总工会上海区铁路工会成立，成立大会上选举出的 71 名执行委员宣誓就职

戚墅堰机厂救险队的80余人因在解放后迅速恢复京沪铁路交通荣获了一等功

P4-623机车组的全体工人率先在上海区推行负责制，创造了卓越成绩，获得集体一等功

这些先进事迹登上了《华东画报》的封面

负责制不但包乘而且包修

戚墅堰机厂客车工场油漆匠阮阿效自行发明磨石代替进口磨石，为该厂节约了大笔经费，因此被评为一等功臣

工会筹备主任于洲（右）和二等功臣裘根宝干杯

大会闭幕后，代表和功臣们乘着挂满了锦旗的专车回归工作岗位

南京机务段工人代表吴恒才代表该厂修配组领取团体奖

鞠占华从上海回到南京后向全体乘务员传达大会决议和负责制

在包乘负责制的推行下，鞠占华发动工人自行擦车

12月8日，在北京召开的亚洲澳洲工会会议的代表抵达上海北站时受到工人群众的欢迎

杭州之江大学的学生借钱塘江大桥抒发对新中国的热爱与憧憬

〉〉第十二章　苏嘉铁路

1895 年 7 月 31 日，署理两江总督张之洞在电文中首次提出建设苏嘉铁路的计划

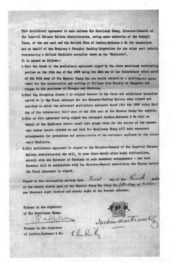

1898 年 10 月 15 日，清政府被迫与英国签订《怡和拟办江苏、浙江省苏杭甬铁路草约》，丧失了苏杭甬铁路建设与运营的自主权

1906 年 3 月，苏州商务总会总理尤先甲致电商部请求成立"苏南铁路公司"，兴建苏州经吴江、平望至南浔的苏南铁路

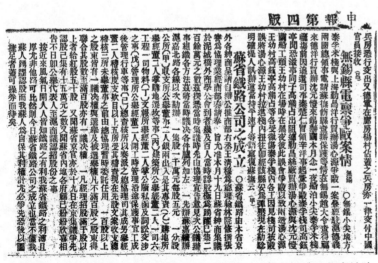

1906 年 6 月 18 日，商办苏省铁路股份有限公司宣布先行建设苏嘉铁路，然后再建上海至枫泾的沪嘉铁路

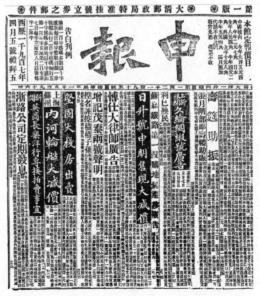

1907 年 4 月 5 日刊登在《申报》头版上的苏嘉铁路购地局广告

1906 年 8—10 月间，前后两任英国驻华公使嘉乃绩（Lancelot D. Carnegie）、朱尔典（John Jordan）与清政府谈判，反对苏、浙两公司建设与苏杭甬铁路路线相同的苏嘉铁路

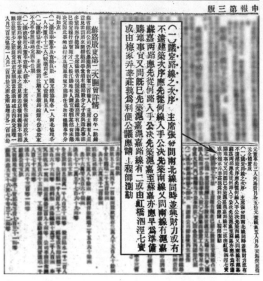

为避免英方抗议引发外交冲突，1906 年11 月 2 日苏路公司召开股东大会决议先建沪嘉铁路，缓建苏嘉铁路

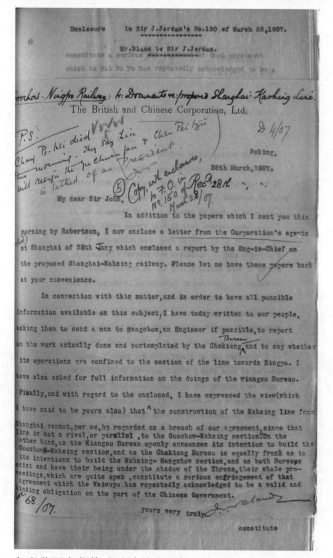

负责英国在华修建铁路的中英银公司（British & Chinese Corporation）在 1907 年 3 月 28 日的电文中指出"沪嘉铁路本身并不能被视为违反合同，因为沪嘉不对苏嘉构成竞争，也不是其平行线"

767

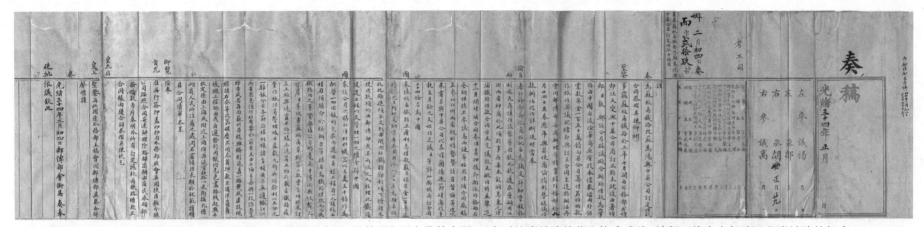

1908 年 2 月，清政府根据苏、浙两公司的请求把"苏杭甬"改为"沪杭甬"写入借款合同，以免对沪嘉铁路的营业构成威胁，并留下将来自行建设苏嘉铁路的机会

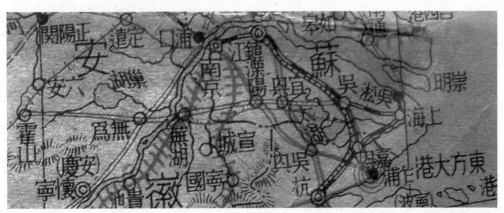

1919 年 6 月，孙中山在《实业计划》之"中央铁路系统"规划中提出建设霍山—芜湖—苏州—嘉兴线，借此连接乍浦的东方大港

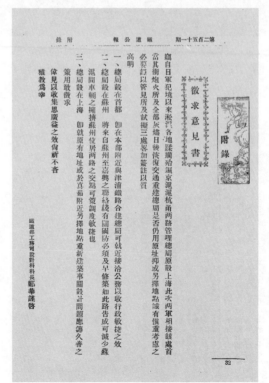

1932 年淞沪战役期间，由于上海闸北沦为战场，京沪、沪杭甬两条铁路无法贯通，因此铁道部在 3 月间就提出了建设苏嘉铁路的设想

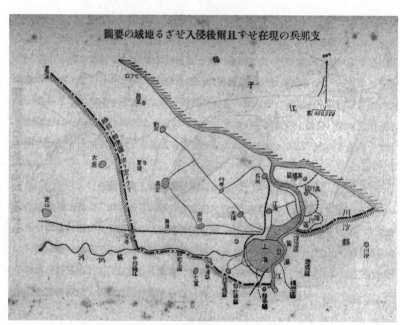

1932年5月5日,中日签署的《淞沪停战协定》中划定的"非军事区"范围(虚线右)包含了上海周边的京沪、沪杭甬铁路

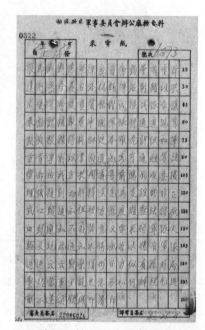

1933年11月26日,日本驻沪总领事石射猪太郎等人要求上海市市长吴铁城事先通知乘火车经过上海"非军事区"南下镇压福建事变的国民政府军队人数

11月29日,日本《读卖新闻》刊文指责镇压福建事变的蒋系军队经过上海北站属于"侵犯停战协定"的行为

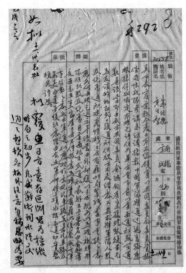

次日（1933年11月30日），国民政府军事委员会成员朱培德、唐生智致电蒋介石提出整顿苏浙间水陆交通的建议，免受日方牵制

1934年2月2日，蒋介石批示赞成中英银公司提议的苏嘉铁路方案，并交由行政院院长汪精卫和铁道部部长顾孟余商议

4月18日，军事委员会决定缓建安亭至松江的公路，由国防委员会决议先建苏嘉铁路

1934年夏铁路勘测初期的放样工作

建築蘇嘉鐵路之計劃

鐵道部建築之蘇嘉鐵路現正積極測勘，其路綫大致與蘇嘉汽車路相近，惟在浙境不經雙橋，在漲境至尹山不經寶帶橋，而在寶帶橋直達葑門公里，車站於：嘉興、與京滬路相啣接，全路長約八十公里，車站於：嘉興、盛澤、平望、黎里、及寶帶橋之東，越大鐵橋三座，全部橋路、經費共四百餘萬元，約兩年內可完成通車。

1934年九一八事变三周年当天，《申报》首次刊登了新建苏嘉铁路的新闻

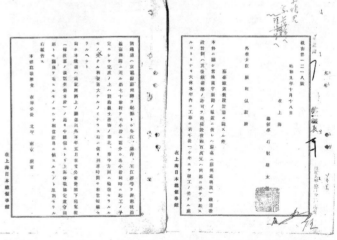

1934年10月18日，日本驻沪总领事馆就"有关苏嘉铁路敷设计划"致电日本外务省，指出必须注意中方是否遵守《淞沪停战协定》

苏嘉铁路特意选在美国援华抗日飞行员萧特（Robert M. Short）牺牲三周年的 1935 年 2 月 22 日开工，足见其具有强烈的象征意义

1935 年 3 月苏嘉铁路嘉兴段的土方施工场景

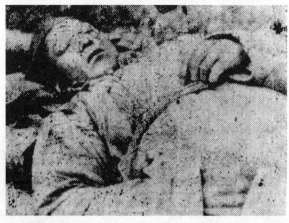

开工之初，筑路工人多次滋扰沿线民众。1935 年 4 月 11 日，苏州娄门外的工人在偷食黄瓜桥村莲藕、殴打村长后又夺走了居民杨福泉看守的木柴，并用大石块将其压伤

填筑土方

英国伦敦的《泰晤士报》（The Times）于 1935 年 8 月 23 日刊文，明确指出日本强烈反对建设苏嘉铁路的理由——"在上海进一步受到军事攻击时将具有重要的战略价值"

建设中的苏嘉铁路药制木桥桥台。木材用沥青浸泡以防腐烂

正在进行打桩施工的苏嘉铁路第4号桥（位于苏州娄门外，跨娄江）

在尹山横跨运河的第19号桥正在建设中

建造中的大型药制木桥

1936年2月赶工中的嘉兴段桥梁

建设中的嘉兴段桥梁

1936 年 2 月底 3 月初,嘉兴站东北的苏嘉(右)与沪杭甬(左)两路接轨处开始铺设轨道

1936 年 3 月的铺轨情形

位于王江泾镇北、跨运河的苏嘉铁路第 76 号桥是全线最大的桥梁,经日夜赶工后于 1936 年 3 月底完成桥面施工

1936 年 4 月下旬已竣工的苏嘉铁路与沪杭甬铁路接轨处

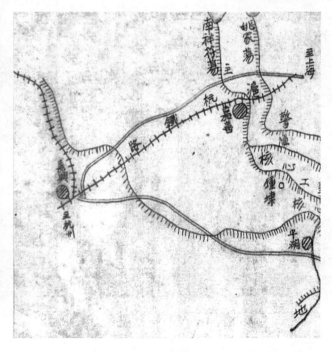

1935 年,布置于苏嘉铁路王江泾至塘汇段以东的国防工事开工,主要用于保卫铁路及嘉兴县城,并与乍嘉(乍浦—嘉善西塘)国防线连为一体

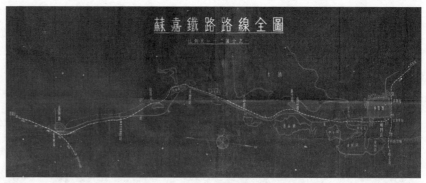

《苏嘉铁路路线全图》

1936 年 4 月下旬苏嘉铁路全线贯通后，28 日首次开行工程车进行试运行

京沪、沪杭甬铁路管理局局长黄伯樵（左一）亲自参加试运行，在苏州站准备出发

英国皇家地理学会成员霍西（英文名不详）在苏嘉公路桥上向东拍摄的苏嘉铁路第 13 号桥。近处为宝带桥

相门站

吴江站

钢梁桥全景

混凝土桥台

药制木桥

平望站

平望站站房

平望站厕所

平望站站员宿舍

平望站进站扬旗

平望站水塔

平望站扬旗

地处盛泽圆明寺桥北的苏嘉铁路第 69 号桥

第 76 号桥

王江泾站

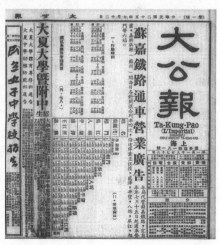

通车前三天的上海《大公报》头版头条
广告便是"苏嘉铁路通车营业广告"

777

沿途车站的站台上人头攒动

1936年7月15日晨7时，苏嘉铁路的第一趟列车——第82次列车即将从嘉兴站出发

从嘉兴站开出的第82次列车驶往苏州，左侧为沪杭甬铁路

在吴县站参加通车仪式的铁道部、两路局、地方政府人员等一行人在站台合影，随后登上第81次列车于7点25分出发前往嘉兴

10点10分，第81次列车抵达嘉兴站，黄伯樵（中间戴眼镜者）等一行人走下列车

随行的两路局职员在嘉兴站人行天桥上拍摄的场景

出站后,一行人沿照片中的站前林荫道前往铁路苗圃休息

苗圃内景(1935年摄)

苏州《早报》的记者冯英子拍摄了一行人乘坐两艘丝网船前往南湖的照片

来往南湖的渡船

12时许,通车庆典在湖心岛的烟雨楼举行

从烟雨楼上拍摄的万福桥和南湖

779

浙江省第二区行政督察专员公署专员王先强（原嘉兴县县长）在黄伯樵之后致辞，称："上有天堂，下有苏杭，苏嘉路适在天堂之间"

铁道部业务司帮办金士宣代表铁道部致辞

金士宣的讲稿

通车当天，《大陆报》（The China Press）在头版刊登了英文版的列车时刻表和价目表

通车次日《苏州明报》的配图报道

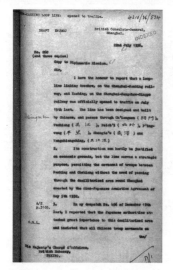

1936 年 7 月 22 日，英国驻沪总领事馆致电该国外交部报告称，建设苏嘉铁路很难被证明是基于经济背景，而是服务于战略目标

费孝通（右一）受伤后回到家乡吴江震泽的开弦弓村休养时恰逢苏嘉铁路通车

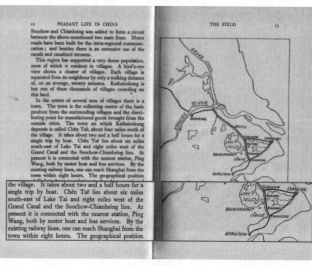

因此，费孝通在 1939 年出版的博士论文、被誉为国际人类学界经典的 Peasant Life in China（《江村经济》）一书中介绍了苏嘉铁路对沿线经济社会发展的重要作用

目前唯一发现的苏嘉铁路视频影像——列车从嘉兴驶抵苏州东郊

苏州城墙。该视频可能拍摄于 1936 年秋或 1937 年春

列车经过娄江上的第 4 号桥，远处为娄门城楼

列车通过第 1 号桥后即将与京沪铁路平行进入吴县站，
远处为报恩寺塔

列车抵达吴县站

站台上的平民乘客

吴县站上的站铭牌仍为苏州

1936 年 10 月，抗日将领续范亭从杭州抵达嘉兴站，随后经苏
嘉铁路前往西安，不久参与西安事变

1936 年 10 月 27 日，盛泽市政学会从盛泽站出发前
往苏州参观防空展览，以应对日本随时可能发动的侵
略战争

为连通相门站和苏州城,1936 年 10 月 12 日,吴县县政府开辟了废弃近千年的相门

1937 年 1 月,相门外跨护城河的新华桥和城内外道路(今干将路)建成

1936 年 12 月 13 日,参加两路局集体植树活动的人员在吴县站合影

参加人员在相门站植树

蘇嘉鐵路行車時刻表
—— 二十六年一月一日起實行 ——

上行　　　　　　　　　　　　　　　　　　　　下行

284 嘉吳備貨	282 嘉吳備貨	258 嘉吳混客	256 嘉吳混客	254 嘉吳客	252 嘉吳混客	站名	251 吳嘉混客	253 吳嘉混客	255 吳嘉客	257 吳嘉混客	281 吳嘉備貨	283 吳嘉備貨
2.45	23.15	18.45	15.35	12.00	8.55	吳縣門	7.00	10.10	13.00	16.50	20.00	0.25
2.35	23.05	18.35	15.25	11.52	8.45		7.10	10.20	13.10	17.00	—	0.35
		18.33	15.28		8.43	相門 吳江	7.12	17.22	13.12	17.02	20.10	
2.02	22.32	18.09	14.59	11.30	8.19		7.36	10.46	13.36	17.26		1.08
1.87	22.09	17.49	14.39	11.28	7.59	八坼	7.38	10.48	13.38	17.26	20.43	
1.29		17.45	14.37	11.08	7.55		7.56	11.06	13.56	17.46		1.33
1.04	21.44	17.27	14.19	10.50	7.37	平望	8.00	11.11	13.58	17.50	21.06	1.41
	21.36	17.25	14.15	10.48	7.35		8.18	11.29	14.16	18.08	21.31	
0.44	21.14	17.09	13.59	10.33	7.19	盛澤	8.20	11.31	14.20	18.10	21.39	2.06
		17.07	13.57	10.31	7.17		8.36	11.47	14.36	18.26		2.26
0.29	20.59	16.54	13.44	10.20	7.04	王江涇	8.38	11.49	14.38	18.28	22.01	
		16.52	13.42		7.02		8.51	12.01	14.51	18.41		2.41
24.00	20.30	16.30	13.20	10.00	6.40	嘉興	8.53	12.13	14.53	18.43	22.16	
							9.15	12.25	15.15	19.05	22.45	3.10

1937年元旦，苏嘉铁路在第二次提速的同时增加了客运专车

圖 勢 形 線 沿 嘉 蘇

Chinese positions along Soochow-Kashing railway line.

英雄戰士 堅守鐵路

Brave warriors guarding the railway

1937年八一三淞沪会战爆发时，苏嘉铁路迅速成为军事交通命脉

从战争爆发的第二天（14日）起，南京来往上海、杭州的所有客货列车全部转经苏嘉铁路

英国伦敦的《泰晤士报》(The Times)于8月26日发表评论，充分肯定了苏嘉铁路对于淞沪会战的重要性

国民政府军第58师师长俞济时的下属部队曾在吴江县城东北驻守

第90师师长欧震的下属部队曾驻防盛泽

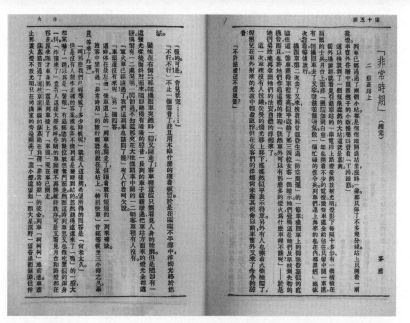

茅盾(沈雁冰)的《非常时期》一文演绎了会战时期"苏嘉路上"的艰辛

1937年10月21日,日本海军航空队轰炸了吴江站上的军用列车

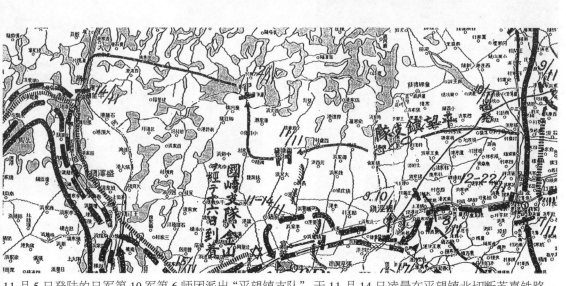

11月5日登陆的日军第10军第6师团派出"平望镇支队",于11月14日凌晨在平望镇北切断苏嘉铁路

日军"平望镇支队"支队长河喜多藤基

率部抵抗日军的第62师第186旅第372团团长袁亚初

11月14日上午平望失陷后，国民革命军第55师师长李松山下属的一个营随即加入了反攻平望之战

傍晚，第3师师长李玉堂下属的一个营的兵力在八坼附近向日军发起进攻

日军在入侵平望的战役中缴获的自动短步枪

被炸成一片废墟的平望站

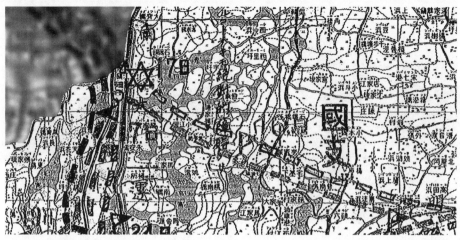

日军第 10 军下属的国崎支队(图中的"国支")于 11 月 17 日凌晨侵占王江泾站,随后侵入镇内制造了"十月惨案"

国崎支队支队长国崎登

11 月 19 日苏嘉铁路沿线各地沦陷后的第二天,国民政府就发表了迁都重庆的宣言

在苏嘉公路上行军进犯的日军第 114 师团步兵第 150 联队侵略者拍摄的第 69 号桥与盛泽圆明寺桥

日军占领下的苏嘉铁路平望附近路段

日军第 114 师团步兵第 150 联队侵占平望站

1937 年 12 月下旬，日军第 101 师团步兵第 103 联队第 1 大队的各部队长在平望集结，远处为苏嘉铁路及其桥梁

1938 年 2 月 11 至 21 日，被派往山东发动侵略战争的日军第 114 师团撤离吴兴后在平望站上车前往上海

2 月 13 日，日军第 114 师团步兵第 115 联队经苏嘉铁路抵达苏州站

1938 年 9 月上旬，第 7 师团后备步兵第 5 大队大队长羽田保等人乘坐苏州保线区轨道车巡视苏嘉铁路

羽田保（前排）步行巡察

羽田保(中)在宝带桥东的第 14 号桥日军据点上听取报告

日军曾用木料修复了钢梁被炸后坠入河中的第 13 号桥

1938 年 9 月 1 日,日军在苏州站供苏嘉铁路列车到发的 1 号站台上的日式站牌前合影

1938 年 12 月,日军在苏州站的 1 号站台上建起一座砖砌地堡,远处停有车辆处即为苏嘉铁路的到发线

1939 年 3 月盘踞在吴江站的"中支那派遣军"铁道局侵略者

侵占平望站的铁道局侵略者。身后为日军在该站废墟上搭建的木板站房

铁道局"平望保线分区"的侵略者

盘踞在盛泽站的铁道局侵略者

王江泾镇上的小学生被拉到车站迎接日军

王江泾站南扬旗下由铁道局侵略者把守的第 79 号桥

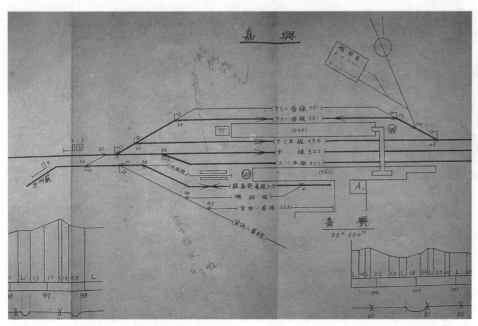

1939 年 10 月的嘉兴站线路平面图

沦陷时期的苏嘉
铁路嘉兴段景象

791

1939 年 5 月 27 日，日军在乘坐列车经过苏嘉铁路第 13 号桥南塊时拍摄的宝带桥和苏嘉公路桥

		列車番號	種 別		蘇州	相門	吳江	八析	平望	盛澤	王江涇	嘉興
◎蘇嘉線	下り	401	(混)3.4	嘉興	8.00	8.12	8.50	9.12	9.37	9.53	10.04	10.24
		403	(,,) ,,	,,	14.00	14.12	14.50	15.12	15.37	15.53	16.04	16.24
		列車番號	種 別		嘉興	王江涇	盛澤	平望	八析	吳江	相門	蘇州
	上り	402	(混)3.4	蘇州	10.55	11.16	11.27	11.43	12.08	12.31	13.09	13.20
		404	(,,) ,,	,,	17.10	17.31	17.42	17.58	18.23	18.45	19.23	19.34

1939 年 7 月专供日本人使用的列车时刻表显示苏嘉铁路每天仅有 2 对列车

5 月 27 日，长谷川二郎经苏嘉铁路抵达破败的嘉兴站（左）并与站长合影（右）

1939 年 11 月 1 日，日本陆军参谋总长载仁的专列抵达嘉兴站，准备经苏嘉铁路前往苏州

1939 年 11 月 25 日，侵驻吴江的日军"中支那铁道警备队"富田部队安排日伪华中铁道株式会社的"爱路列车"满载食盐、砂糖、咸鱼、蜡烛等食品和日用杂货驶入苏嘉铁路，以备廉价出售给"铁路爱护会"会员收买人心

日军在宝带桥东的第 14 号桥旁设置的据点，借此守备铁路和来往车船（1939 年底）

赶往吴江站临时"廉卖市场"的妇女

日军和通敌的"爱护团"团员正在从车上卸货。"爱路列车"的车身两侧写着两行大字——"一民爱路、万民幸福"，"拥护铁路、增进民福"

"爱护团"团员在吴江站前的平台上大声吆喝："给，这是你要的五箱洋火、两升食盐。要第一串盐水海蜇是吗？好的来啦！"

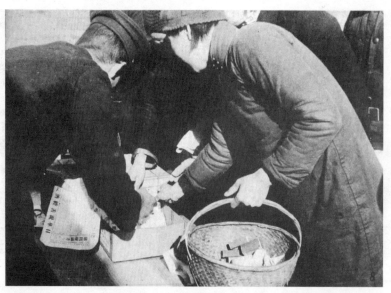

在购买合同上写下民众欲购物品的"爱护团"团员

民众购买商品后离开墙上布满战火痕迹的吴江站

"爱路列车"在沿线到处贩卖廉价商品诱骗民众

1940 年 6 月 8 日，盛泽至嘉兴的日文火车票

苏嘉铁路苏州站至相门站地图（1940 年 9 月）

蘇嘉道上（報告）（上）
江南游擊區外記
張葉舟

在抗日军民的顽强反击下，到 1940 年，苏嘉铁路沿线已成为"江南游击区"

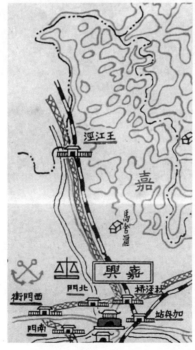

1943 年 2 月，苏嘉铁路成为调整后的"太湖东南第二期清乡地区"的封锁线，王江泾站和嘉兴秋泾桥东的 97 号桥旁均设有"检问所"

车次	摘别	苏端	相门	吴江	八坼	平望	盛泽	王江泾	嘉兴
下行									
321	混 2.3.4	7.10	7.24	8.16	8.42	9.22	9.52	10.09	10.40
323	混 2.3.4	13.40	13.52	14.45	15.07	15.42	16.11	16.27	16.55
325	混 2.3.4	18.20	18.32	19.22	19.45	20.18	20.41	20.53	21.15

车次	摘别	嘉兴	王江泾	盛泽	平望	八坼	吴江	相门	苏端
上行									
322	混 2.3.4	8.00	8.32	8.53	9.27	9.58	10.25	11.14	11.25
324	混 2.3.4	12.30	12.59	13.19	13.54	14.20	14.48	15.35	15.45
326	混 2.3.4	18.50	19.19	19.38	20.12	20.38	21.01	21.40	21.50

1943 年 10 月的列车时刻表显示苏嘉铁路每天仍只有 3 对列车开行，比 1936 年通车时还少 1 对

美军掌握制空权后拍摄的苏州航拍照，"R.R. To Hang-chou"即为苏嘉铁路

目前发现的苏嘉铁路最后影像——1944年2月拍摄的嘉兴站东扬旗（远处右侧的立柱）下的路轨

1944年4月1日，汪伪嘉兴邮局向上级报告称苏嘉铁路列车从当天起停驶。随后，日伪开始拆除钢轨、枕木

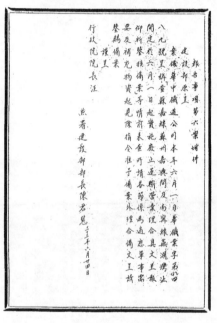

日伪华中铁道株式会社向汪伪政府行政院"呈文"称，6月1日起废止苏嘉铁路的运输营业

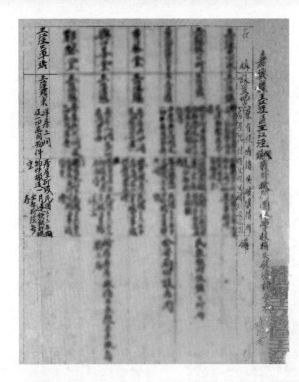

抗战胜利后的战时财产损失调查表中显示，王江泾站的站房、站员宿舍、厕所在1944年4月与钢轨、桥梁一起被日伪拆毁，物品被搬运一空

抗战胜利后的苏州站站牌上仅剩东、西两个方向的京沪铁路车站，再无苏嘉铁路吴江站

铁路被毁后废弃的相门站

沦为民房的吴江站

1946 年 6 月国共内战爆发时，京沪区铁路管理局就已明确表示不准备修复苏嘉铁路

1947 年，吴县参议会直接向国民政府交通部请求修复苏嘉铁路

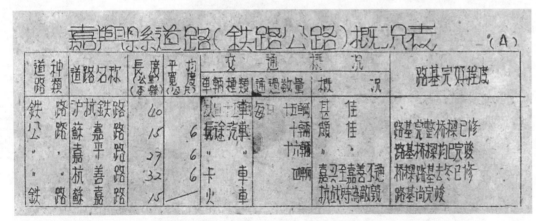

1948 年嘉兴县政府的调查显示苏嘉铁路的路基尚完整

面对种种传闻，1948 年 11 月 29 日京沪区铁路管理局再次表示没有重建计划，而此时的国民政府也已穷途末路

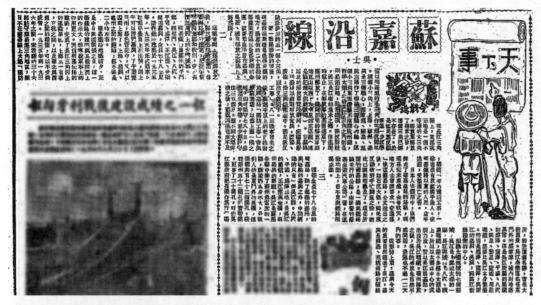

1949 年 4 月 27 日苏州解放后的第三天(29 日),中共港澳工委领导下的香港《大公报》上发表了一篇题为《苏嘉沿线》文章,回顾苏嘉铁路的悲壮历史,展望沿线地区光明的到来

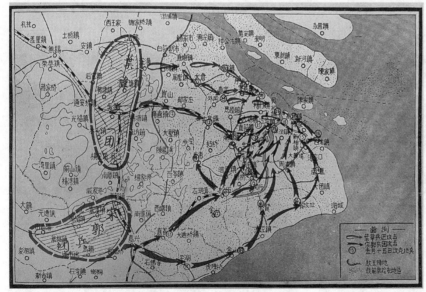

在 1950 年中国人民解放军第三野战军绘制的 1949 年解放上海作战图——《淞沪围歼战图》中,苏嘉铁路依然存在

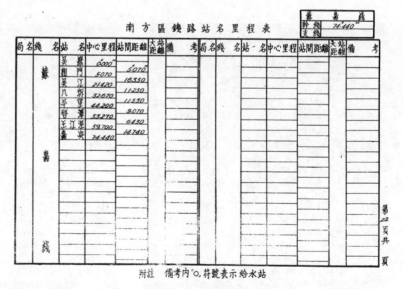

南方区铁路站名里程表										
局名线	站名	中心里程	站间距离	大站距离	备考	局名线	站名	中心里程	站间距离	大站距离 备考
蘇嘉线	吴县	6.000	5.070							
	胥门	5.070	16.350							
	吴江	21.420	11.250							
	八斥	32.070	11.550							
	平望	44.200	9.070							
	盛泽	53.270	6.430							
	王江泾	59.700	14.740							
	嘉兴	74.440								

附註　备考内"o"符号表示给水站

解放后,中国人民革命军事委员会铁道部对苏嘉铁路的里程作了调查并编入 1949 年 7 月印制的《南方铁路里程表》,以备修复

第 22 页共 页

799

20 世纪 60 年代美国锁眼卫星图中的苏嘉铁路苏州起点至相门站段

苏州葑门段

澹台湖段

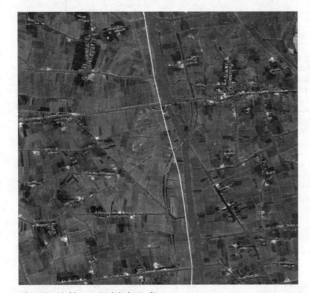

跨运河的第 19 号桥南北段

吴江瓜泾港南北段

吴江县城段

吴江城南段

八坼段

平望段

盛泽段

山荡至唐家湖段

王江泾段

丹牌荡段

嘉兴终点段。苏嘉铁路是运河两岸一道暗淡的伤疤,永远无法抹去!

从一路到两路

一 感恩父母，致敬老师

从一九九六年六月第一次听说苏嘉铁路的那一刻起，十八年来，首先要感恩的，是家父与家母！他们不仅和其他父母一样养育、爱护和全力支持着我，而且从那一年开始就直接参与到我的学习、考察和研究之中——从骑车到驱车，自小学至大学，每一回沿线的寻访，每一次重要的转折，都饱含着父母的心血，直至今日！

（一）复旦之铭

回想二〇一三年五月，能从苏嘉一路走到沪宁、沪杭甬两路，乃蒙恩师朱荫贵先生不弃，并拜先生所赐！若非先生多年来的悉心指导，尤其是同年三月十二日先生感冒初愈后的一番发人深省的点拨，拙著充其量只是一本堆砌史料的图册。千言万语，汇成一句：老师，谢谢您！

在复旦大学历史学系攻读学位期间，承蒙金光耀老师错爱，感谢章清老师关怀。拙文在构思初期蒙冯筱才老师赐教，在撰写、修改、审查和答辩的过程中，戴鞍钢老师数度谬赞，令我汗颜。姜义华老师、王立诚老师、冯贤亮老师，论文评审专家吴松弟老师、江沛老师、马学强老师，答辩委员会的杜恂诚老师、周育民老师以及法国里昂大学的

安克强老师都赐予了诸多宝贵意见。朱从兵老师对拙稿给予了大力的推荐。敬致谢忱！

能比较顺利地完成博士阶段的学习，离不开周兵、傅德华、汪丽红、于翠艳、余蔚、余欣、邓志峰、黄敬斌、赵兰亮、马建标、张仲民、李春博、黄洁、陈真伟、张丽青等老师们以及黄修志学长的指教与帮助。教育部、研究生院、光华集团等部门设立的各种奖助金以及校图书馆系统的海量文献为我们创造了无与伦比的科研环境，在此一并致以最衷心的感谢！

（二）沪社之恩

能够在复旦这座神圣的学术殿堂完成学业，源自我在上海社会科学院历史研究所就读硕士研究生时期的诸位尊师的教诲与提携：

师父钱杭先生，七年来与师母杨晓芬女士一起指导、关怀着我学习生活的各个方面，并多次在关键时刻鼎力提携，学生一一铭记在心！惜乎学生驽钝，未能完整继承师父衣钵，每每思之，倍感愧疚，有负恩泽！唯有日后加倍努力，以报师恩！

进入历史所学习之后，承蒙熊月之老师百忙之中奖掖后学，后来

才发现其实早在二〇〇五年我就通过记述一路与两路的《沧桑五十年》与熊老师结缘，所以我才有机会追寻自己的梦想！

马学强老师是我的同乡，更是我的贵人！拙著从理论方法到制图排版，都深受马老师的言传身教。最重要的是，倘若没有马老师七年前的搭救，今天的一切都不会存在！

马军老师多年来不吝赐教，无私相助，并仍一如既往地给予信任，视同己出，令我难忘！

此外，拙著的选题也是在这三年中确定的，并受惠于所资料室、院图书馆的珍稀文献以及张仲礼奖的资助。拙著"以上海为中心"的标题亦出自二〇〇九年十一月一日的一瞬。

（三）师范之梦

负笈求学于沪上之后所取得的初步成绩，离不开本科浙江师范大学副校长张根福老师近十年来的抬爱。若不是张老师赐予我进行学术创作的机会，我几乎不可能在复旦图书馆古籍部的同一张登记卡上，在张老师十六年前的签名下方留下自己的名字！

回想本科时期的第一门专业课就是陈国灿老师讲授的《中国古代史》，陈老师的充沛精力和满腔热情十余年如一日，乃学高为师、德高为范之楷模！

本科毕业论文的指导老师田中初院长不仅是第一位指引我走上学术道路的老师，而且使我在浙师的芙蓉峰下就能遥望复旦的日月光华！

何增光老师当年支持我参加浙江省纪念中国人民抗日战争暨世界反法西斯战争胜利六十周年大会，这次会议开启了我人生的一个新阶段，特此向何老师致谢！

从十一年前进入浙江师范大学起，师、范二字就已成为我的理想，而今能有机会在上海师范大学人文与传播学院继续追梦，乃蒙院长苏智良老师、唐力行老师、高红霞老师、邵雍老师、周育民老师、徐茂明老师的提携与指教，历史地理教研室的前辈钟翀、尹玲玲、吴俊范三位老师一年多来全力支持着我的学习与工作。特致谢忱！

（四）苏嘉之路

近日不幸溘逝的嘉兴市图书馆古籍部主任吴美娟老师，不但保护了我的第一部铁路史作品《风雨苏嘉铁路》以免再遭觊觎，更全力促成拙作全文刊登在《嘉禾春秋》上。平生的最后一面竟也是为了促成《稀见嘉兴抗战旧影集》的问世。但愿吴老师在天堂一切安好！

嘉兴市秀州中学的吴一平老师（原属第四中学）当初得知我在考察苏嘉铁路后，破例让还在念初一的我加入史学社，使我在繁重的课业压力下感受到了知识的温暖，并让我在九个月后第一次举办了讲座、第一次登上了荧幕。

秀州中学退休教师翁月华老师得知我在史学社的表现之后，从初三开始多次在课堂上当众表扬学习成绩平平的我。在她的指教和鼓励下，九个月后我考上了当时最理想的高中。

通过苏嘉铁路结识的原吴江市人大常委会办公室朱云云老师，十五年来一直无私帮助并见证着我渡过一个个关卡，拙著的部分篇章亦蒙赐教。

若再往前追溯，有一位生命中不可或缺的恩师，她就是原嘉兴市湖滨小学退休教师吴森华老师。吴老师不仅是我的文科启蒙导师，而且当年让我负责全班的生活管理工作，那是小学时期最珍贵的记忆。更重要的是，如果没有吴老师，我不知道何时才能"遇见"苏嘉铁路！

二　一笔流水账

清晰记得童年时期，当许多同学、朋友痴迷于各类历史名著时，我却是一个不读书的人。印象中语文课的作文成绩鲜有高分，就连自己满意的作品都屈指可数，直到小学毕业前夕才首次公开发表了《老站退休了》（《嘉兴日报》一九九七年四月二日）一文，讲的就是沪杭铁路嘉兴站老站房的"退休"和新站房的启用，不过那也是一篇几无文采的说明文。所以，如果没有"遇见"苏嘉铁路，我想我这辈子可能永远都不会成为一个"读书人"！

如今，每当被亲戚朋友冠以"文人"抑或"读书人"的称号时，我都会感到一丝惶恐。因为就连写一篇稍带文采的文章——譬如这篇后记的以上部分——我都常常感到力不从心。所以我觉得自己还是比较适合做一个忠实的记录者，把这篇"流水账"做成一份真正的流水账，为的是尽可能全地把生命中那些曾经和正在提携、指教、帮助我的人记录下来，并致以最诚挚的感谢。

这项工作起步于一九九九年，十五年来从未对外公开过。现趁此机会，根据早年考察苏嘉铁路的大事记、近年的日记和回忆，按照首次介入敝人研习铁路史的时间顺序敬列于此，但仍难免挂一漏万：

一九九六年

吴森华　许佳骏　郭志浩　岳建军　郭炜

一九九七年

夏撑生　单玲

一九九八年

钱伟杰　吴一平　范晓华　吴美娟　马加泽　郭哲　岳建民
岳晨希　周雪明

一九九九年

史念　周德华　冯英子　朱云云　崔泉森　陈伟桐　岳峰
陈建江　翁月华　丁宁宁

二〇〇〇年

华丽　陆启东　陆大雄

二〇〇一年

杨峥

二〇〇三年

张庆谊　龚剑锋　洪崖

二〇〇四年

郭兆晖　吕迎春　汤秋生

二〇〇五年

卜李嘉　陈国灿　方如金　何增光　荣炯　屠亚芳　沈煜威
刘菲菲　刘先正　沈永林　陈季敏　张贤文　田中初　张根福

严 宁　沈 杰　蒋宝麟　吕 敏

二〇〇六年

马俊亚　宣炳善　张忠祥　蒋 懋　沈 佳

二〇〇七年

傅石雨　何 品　张建峰　姚惟尔　洪 璞　慈鸿飞　马学强
马 军　钱 杭　王兆锋　钟志文　徐张义　褚若千　包晓峰
方 雷　沈雅君　沙文婷　沈志明　周 聪　吴石根　张利波
胡丞懿　傅德华　张秀莉　沈秋生

二〇〇八年

杨晓芬　金利军　程兆奇　叶 宁　陶水木　王 敏　丁贤勇
孙卓文　郑 波　栾贻伟　唐巧天　王列辉　张 浩　金光载
孙光辉

二〇〇九年

张忠民　朱 婷　李 玉　崔明海　北村佑子　曾冠杰　潘弘斐
姚 斌　毛志辉　熊月之　汪 政　包 蕾　吴润凯　陈正青
苗 青　王秀治　邵 建　欧七斤　张爱华　黄孝全　承 载
李 柯　蔡维屏　王宪群　李来容　李 桐　冯筱才　胡 端
魏兵兵　徐 超　朱敏洁　王 晋　韩长青　王晓春　朱力勤

二〇一〇年

姚勤华　朱荫贵　金大陆　金光耀　顾云深　刘维开　应长荣
杨 洁　黄华平　邵 雍　王晓红　黄文德　秦 怡　孙 洁
周 斌　姚申君　松冈昌和　管 高　郭志松　费龙祥　胡建凤
苗建红　林仁江　傅建中　林志晟　柯伟明　李铠光　安克强
马忠文　王红霞　皇甫秋实　陈明华　胡 勃　王才友　克莉沙

胡喜星　沈 勇　冯贤亮　平田康治　尤裕森　陈 凌　彭晓亮
唐寿良　鲍世望　陈 峥

二〇一一年

肖龙根　孙 凯　陆允昌　孙中旺　尤小立　沈秋燕　陈为忠
杨 晖　范矿生　贾钦涵　丁业鹏　陈俊仁　承红磊　许静波
高 喆　王争宵　迪娜古丽　刘 云　江 沛　曲晓范　简笙簧
熊亚平　常晓强　杨建庭　傅 亮　饶玲一　江伟涛　余 蔚
程 佳　李 蘅　史 虹　沈红梅　胡 愚

二〇一二年

徐 涛　朱从兵　马陵合　韩唯烨　薛元宵　钱福卿　邹 怡
李文杰　三好章　张广杰　胡震亚　陈洪友　归彦斌　李定海
张玉花　尹 铁　韩李敏　丁英顺　梅 凯　李家涛　周月峰
金秀才　王立诚　黄敬斌　戴鞍钢　范金民　叶 舟　刘灵坪
张 蕾　郭墨寒　黄 薇　黄显功　黄嬿婉　张 玮　林 盼
赵 婧　陈夏玲　章 清　于翠艳　袁为鹏　吴 梦　余 岚
徐建平　吴昊珊　凌 炤　刘海琴　蒋华杰　黄 博　岩谷将
王天松　林正范　贺水金　朱小田　顾丽娟　郭永钦　陈云飞
李忠林

二〇一三年

张卫良　戴海斌　封越健　王银飞　姜义华　周立新　范晓梅
任 宏　袁世豪　蒋建中　郭岩伟　刘招静　张建强　张 洁
胡烈箭　苏智良　柴伟梁　张镇西　沈晓巍　庄佳玥　罗莘莘
罗重黎　刘 飞　于 能　方林峰　唐力行　刘素芬　陈晓丽
盛震鸳　胡海盼　周 军　朱佩琴　方尚芩　陈 杰　王晨燕

二〇一四年

王 健	王玉杰	李嘉球	张靖伟	杨卫华	葛 涛	陈志根
王永强	周知秋	姚晨曦	肖秀琳	黄 海	郭凤芹	向 彪
贺江枫	张洪涛	钱圣音	钟 翀	周文倩	张馨元	程思茜
严海建	张连红	孙 扬	赵晓红	关智英	吴先斌	刘 洁
陈其弟	肖婉琴	郑 成	崔 璨	龚志伟		

在收集资料、投稿和出版的过程中,敝人得到以了下书刊档案典藏机构、出版社、报刊编辑部以及新闻媒体工作人员的热情帮助,故在此按照表示由衷的感谢。

一九九七年

《嘉兴日报》社　　　　　　　　　　《写作报》社

一九九八年

嘉兴市图书馆　　　　　　　　　　秀州中学图书馆

二〇〇〇年

嘉兴市地方志办公室

苏州市地方志编纂委员会办公室(苏州市方志馆)

二〇〇三年

浙江师范大学图书馆

二〇〇五年

《苏州职业大学学报》编辑部　　　　浙江省档案馆

《吴江日报》社　　　　　　　　　　《南湖晚报》社

中共浙江省委党史研究室　　　　浙江省社会科学界联合会

《都市快报》社

二〇〇六年

浙江师范大学人文学院资料室

高等学校中英文图书数字化国际合作计划(CADAL)

二〇〇七年

吴江市档案馆	上海市档案馆
上海图书馆	金华市严济慈图书馆
复旦大学图书馆	浙江图书馆
上海社会科学院历史研究所资料室	上海社会科学院图书馆
华东师范大学图书馆	复旦大学历史系资料室

上海社会科学院经济研究所企业史资料中心

二〇〇八年

浙江师范大学江南文化研究中心

二〇〇九年

| 上海人民出版社 | 中国人民大学书报资料中心 |
| 中国第二历史档案馆 | 南京图书馆 |

二〇一〇年

| 香港大学图书馆 | 中国国家图书馆 |

复旦大学历史地理研究所资料室

二〇一一年

| 复旦大学图书馆古籍部 | 《史学集刊》编辑部 |

《军事历史研究》编辑部

二○一二年

《中国历史地理论丛》编辑部　　　　苏州市吴江区图书馆

《中国经济史研究》编辑部

二○一三年

海宁市史志办　　嘉兴电视台文化影视频道《老嘉兴茶馆》节目组

中共江苏省委党校图书馆　　　　中共苏州市委党史工作办公室

二○一四年

《中国国家博物馆馆刊》编辑部　　　　中国博士后科学基金会

中国社会科学院经济研究所图书馆　　　北京交通大学图书馆

复旦大学出版社　　　　　　　　　　　《上海师范大学学报》编辑部

南京民间抗日战争博物馆

三　挥别青春，感谢命运

在"旦复旦的日子"里，二○一一年四月十四日与复旦大学学生会文艺部必然的偶遇，和三年来断断续续"在一起"的岁月，是青春末梢的一缕绚烂，更是值得回味一生的美妙乐章！

按照结识的先后顺序，他们是：

唐琪琪　徐　盛　俞凤娇　张明玺　任　家　常　成　王秋丁
苏李欣竹　王　妍　傅天叶　李　玥　张霄云　朱颖婕　景悠悠
何文艳　陈　吟　奚　奇　王双双　钱　野　苏凡妲　金冰洁
杨润悦　弭雪莹　蔡光铭　储依婷　付奕儒　田臻奕　温晓宇
武　烨　郑丽娜　桑　宁　石寒沁　袁艺豪　秦　梦　花佳欣
朱钧涛　刘　昀　王申彦　王翊明　周薪吉　原牧涵　刘亦伟

当然，还要衷心感谢不可或缺的老中青三代支持者（按时序排列）：

岳建军　郭　炜　李　柯　贾钦涵　潘　星　鲁　佳　王　楠

王法硕	王佳懿	王银飞	徐　昂	陶兴华	邹　烁	王　茜
朱荫贵	马　立	文　予	戴逸菲	张靖伟	范矿生	柯伟明
皇甫秋实	胡　勃	袁煦筠	龚翠霞	卢　镇	郭玉刚	谭逸卿
黄菀薇	左　上	马润生	陈诗锐	李　涵	曹　洁	崔　詠
李好好	周倩芸	杨婷婷	肖广昱	瞿小菲	赵　琦	王雪舟
许煊文	马文瀚	许　多	史瑞杰	张筱东	毛隽杰	沈雨潇
许静波	杨　琰	张建才	郭岩伟	刘　俊	徐　冉	吴敏杰
陈天翔	夏　烨	匡夏颖	蔡敏杰	区永超	李　鸥	张琼艺
周文倩	安　玉	周加宁	曾　楠	傅可平	许　烨	杨　韵
莫敬敏	罗　政	王　哲	丁雪婷	刘　侃	顾英倩	樊洋希
任　任	吴昊珊	戴欣然	朱　拓	邱华婷	樊慧慧	李亦婷
张　浩	金晓辉	童亮亮	蒋宝麟	王　敏	王婉丽	王启元
庄李俊	樊骥暕	陈邵莎	褚　明	郭玮宏	吕　林	孔　确
吉　理	向　晨	孙瑞杰	孙梦菲	陈雅雯	叶　天	刘逸飞
张佳莹	孙　洋	黄雪菲	郭　为	严立穹	温尔雅	王　玥

艾泽明　姜　畅　邵诗洋　廖　文　张文卿　杨　洋　王诗铭
李雨曦　袁梦焰　郑雨薇　庄俊南　吴　丹　丁霁兮　施文俊
胡健捷　罗重黎　施嘉俊　龙颖涵　潘晨曦　高天晴　贾昕功
胡海盼　奚玉莉　夏晓莉　崔　璨　苏菲　李　路　王　璐
马文茜　李澍淞　黄时苗　贾沈朱　姜　月　汤　潮　耿昭华
向秋静　王　迟

　　十八年来，在从嘉兴往返苏州、上海、金华、南京、杭州、宁波的途中，我常常会阅读车轮下铁路的史料，抑或思考呈现路史的方式，更企盼着能早日在通苏嘉铁路的高速列车上享受这种穿梭时光的爱恋。如今反观，顿觉自己的人生道路正是在此过程中逐渐清晰，但在我迷茫无助的当下，是以上所有亲人、师友赐予了我不断前行的力量！

　　铭记沿途风景，感谢一路相伴！

岳钦韬　谨识

二〇一三年三月二十三日夜　始记于复旦大学北区学生公寓
五月二十四日晨　首度付印于原淞沪铁路江湾机场支线旁
二〇一四年十一月四日下午一时二十分　三十周岁生日定稿
二〇二〇年二月二十二日　苏嘉铁路开工八十五周年纪念日调整

809

由百年向百年

以上文字原计划作为博士论文专著的后记，但因种种原因而未能刊布，万分遗憾！今蒙广陵书社支持出版本图集，故将二〇一五年以来的师友续录于下：

二〇一五年

邬才生　赵国壮　夏　烨　肖　平　沈秀红　周丽萍　王跃原
祝小芳　王永和　陈兴南　丁　瑾　高士华　南江涛　张蜀益
郭杰光　顾晓红　陈昌来　吴秋华　顾寅森　商　量　薛家煜
姚虎良　张雁群　刘雅琴　陆亚芬　王　佶　魏昱初　李剑铭
欧福泰　杨自强　许健楠　管有明　缪　雨　夏玮珉　施晓平
陆成钢　沈益超　周建杰　马玉华　徐　光　姚立军　顾美珍
刘云峰　姚　倩　沈卫新　王新妹　郭吉武　侯甬坚　何铭生
李　峰　徐刚毅　金海洪　李宇聪　王赵园　吕元智　张笑川
计卫明　任吉东　任　荣　孙　捷　徐征伟　张勇华

二〇一六年

吕园园　申　浩　陈　涛　杜成才　阳水根　章　建　卞君君
李利忠　何扬鸣　张　丫　刘　峰　岳鹏星　郑文斌　凌惠良
李咏春　徐松如　张　虹　黄允钰　薛理禹　杨有生

二〇一七年

陈水林　徐傲暄　戴　冰　周　坤　夏　群　姚炎鑫　周扬波

孙　莹　石少利　洪小夏　顾志军　胡勤芳　罗宣政　周咬脐
程玉芳　高云玲　梅晓民　叶永强　骆　丰　冯　杰　缪时方
章斯睿　于淑娟　邱　阳　段　炼　嵇　元　邓一帆　李闻辛
张　程　姚武兴　钟　诚　谭飞程　丘智贤　石　苗　王登峰
李圣华　吴锡标　吴京昴　傅迨勒　苏伟纲　洪　坚　张　莉
周志永　罗文波　王建新

二〇一八年

董时纲　王书婷　陈宏伟　金玉荣　钱丽莉　钽新良　梁波凯
钱　罡　杨善尧　李持真　马　宏　金加安　沈晓虹　陆　卫
应　颖　张　众　孙昌麒麟　杨何林　郝金喜　陈　磊　许　旸
夏　斌　黄继杨　翟宗耀　李　强　殷梦霞　曹起铭　高安定
孙　逊　张　帆　王永胜　何颖晗　钟　夏　周　杰　韩俊杰
楼子璇　于　浩　楼稼平　张燚明　戚剑光　孙　杰　朱　锐
戚娟芬　朱　烨　叶　铭　杨传兵　王继洲　王　萌　宋金华
周荣先　虞坤林　吴敏超　金身强　赵　青　裘建锋　江家鸣
何仁刚　费志杰　齐书深　吴伟民　杨坚明　陈　刚　张宪义
胡耀飞　祝亚伟　邱辰禧　李培根　张雅琴　赵　界　曹丽云
鲁　祎　金佳萍　钱玉琴　徐晓英　李谱华　许大文　周晨露
王　鹏　徐敢锋　徐　燕　董赵娟

二〇一九年

朱荣林	于藉焙	邹德怀	张 青	张 谦	沈力行	黄宇岚
陶小萍	钟 琴	沈家明	孙晓晶	陈林飞	陈春丽	李 林
印一如	杨根文	秦晓杰	陆爱斌	石文斌	胡锐颖	靳志雄
魏俊杰	俞尚曦	丁 燕	史 晴	李庆芳	孔 越	方 晗
龚象海	吕新建	李尚君	张玉萍	陈晓峰	蒋 臻	吴雅萍
方复祥	钟永春	黄 烨	沈爱君	刘松洁	管明志	周群峰
朱 瀛	王幸平	杜镜宣	黄珍珍	袁 琦	潘惠清	陆永勤
胡 佳	鲁琴锋	杨国萍	吴云峰	金建红	沈建国	张国华
吴佩剑	石晨阳	郑红霞	徐霞芳	王丽霞	王 亮	陈果嘉
习青云	戚 静	方 健	郑闯辉	沈晓华	汤琴芳	肖文鑫
迪拉热	朱 贞	张天杰	沈众英	董晓晔	朱秋月	汤燕萍
周海军	潘放梅	龚跃华	倪立新	许海燕	夏 盛	王德朋
王长明	韩旭川	王 强	陆建军	姚 伟	邢海华	李 燕
徐 峰	徐贤卿	李芝伟	陈 谊	谢 雷	鲁冰莹	钟晓燕
杨亚琼	金晓刚	王金超	赵心宇	李寿春	王沁柠	章建强

张爱灵	张瑞力	张泰杰	虞 铭	余金晶	张剑光	张海生
慈 波	来亚文	蔡文健	周学波	俞星伟	应志敏	赵 玲
庄永明	徐 臻	薛雅琪	王维军	张晓平	周永琴	刘本新
唐颖华	朱亦隆	杜 娟	潘霄峰	耿 密	罗 洪	王 素
徐新宇	李新浩	施湧涛	董丽敏	蔡琴梅	马庆禹	方海华
刘 秦	沈 菁	陈 蕊	高颖文	笪 宁		

二〇二〇年

葛剑雄　包伟民　王卫平

二〇一九年是沪杭甬铁路沪杭段通车一百十周年，二〇二一年是中国共产党诞生一百周年！在这两个年份之间，我们正面临着巨大的挑战，但逐梦的恒心矢志不渝，而历史的车轮也必将滚滚向前！

岳钦韬　再识

二〇二〇年二月二十二日　苏嘉铁路开工八十五周年纪念日